クレーム対応 最強の話しかた

役所窓口で1日200件を解決！
指導企業1000社のすごい
コンサルタントが教えている

クレーム・コンサルタント
山下由美

ダイヤモンド社

はじめに——1日200件のクレームを解決できた話しかた、教えます。

新型のクレームが、日々、生まれています

お客さま「ビックマック1個」
店　長「え!?　うちでは扱ってないんですが」
お客さま「何言ってんの？　昨日コマーシャルでやってるのに！」
店　長「うちではやってないんです」
お客さま「あんた！　コマーシャルでやってるのに、作ってないってどういうことよ？　全国的にやってるのよ！」
店　長「申し訳ありません。でも……」
お客さま「もういいわ！　本部に電話するからね！　覚えておきなさい!!」

お客さまは、バン！　とカウンターを叩いて出て行きました。

スタッフ「店長も大変ですね。僕らアルバイトだからまだいいですけど」

店　長「ああ、ロッテリアじゃ、ビックマックは作れないからな……」

私の愛するハンバーガーを題材に話を作らせてもらいましたが、近年、こうした以前には考えられなかったクレームが増えています。SNS等が広がる現在、対応を一歩間違えると大ごとになりかねません。

とはいえ、こんなクレームに、いったいどう対応すればいいのでしょうか。**従来のクレーム対応マニュアルでは、とても対応できません。**

現場で働くスタッフは、日々、お客さまからのたくさんのクレームにさらされています。クレームのトーンが度を越して激しいものであったり、あるいは憂さ晴らしや金品狙いの確信犯的な演技であったりする、新型のクレームが増えています。対応にあたるスタッフはストレスやフラストレーションをため込んで、すっかり疲弊しています。

「私の担当じゃないのに」
「間違っているのはお客さまなのに」
「ちょっとしたミスなのに、ここまで怒鳴られるなんて理不尽」

この本を手に取ったあなたも、同じ思いでいるのではないでしょうか。

そんなクレームに悩まされている
みなさんをサポートするのが、
私、クレーム・コンサルタント山下の仕事です。

現在、私は企業でクレーム対応指導をしたり、実際に顧客対応をする現場の方を対象としたセミナーを開いたりしています。この活動を始めてはや10年、**年間に800人、のべ8000人以上の皆さんにクレーム対応メソッドを教えてきました。**

クレーム・コンサルタントを始める前からクレームが大好きだった私は、職場だけでなく、電車に乗っていても、コンビニで買い物をしていても、怒鳴っている現場を見ると、後先かまわず突進するので、周りから「最強のクレーム対応」と呼ばれていました。

クレーム・コンサルタントとして、企業で研修を始めると、受講者の悩み事の多くは「怒鳴るお客さま」への対応でした。

そこで研修の中で、ページング（127ページ）のトレーニングのために、「怒鳴るお客さま役」を演じていたせいでしょう。いつの間にか、みなさんから「最恐のクレーム・コンサルタント・ゆみ姐」と呼ばれるようになっていました。

公務員としてクレーム対応経験を積む

こんな私ですが、かつては地方公務員として、さまざまな部署でみなさんと同じようにクレームに日々対応していました。多いときは電話を含め、**1日200件のクレーム**に対応していたのではないでしょうか。

もちろん、働き始めた当初からこうだったわけではありません。

私が現場に出てから3カ月ほど経った頃でしょうか。ガラスの自動ドアからこちらに向かって来たのは、何事かに腹を立て、真っ赤な顔で肩を怒らせた50代の男性でした。

その男性は「バン！」とインフィメーションのカウンターを叩き、「お前！　俺たちの税金で飯食ってるくせに、何をぼーっとしてるんだ！」とロビーいっぱいに怒鳴り声を響きわたらせたのです。

そして、そのテンションのまま続く罵詈雑言。もちろんクレームのもととなったトラブルの原因は私ではありません。

でも、当時の私にできたことといえば、ただただうつむいて男性の怒りが通り過ぎるのを待つのみ……。周囲の市民の方々はもちろんのこと、同僚や上司、誰一人として私を助けてくれません。

公務員の給与が税金から支払われているのは事実なので、言い返すことはできません。何もできない自分の情けなさを、今でもはっきり覚えています。

30分以上続いた地獄の時間から解放された時、私は本気で思いました。**「私は悪いことなんて何一つしていないのに、クレームは本当に嫌だ！」**と。

しかし、このままではいつか同じ目に遭うことは見えています。私は「うまくクレームに対応できる方法はないのだろうか」と、独学でペーシングによるミラー効果など心理学的な手法をコツコツ学びながら、クレームへの対処法を模索するようになりました。

そのなかで、理解したのは、**人はすべてを論理的に考えて判断したり、行動したりしているわけではない**ということでした。**意外に感情的な生き物**だということです。だから、いくら正しい説明をしても、クレーム対応では、あまり役立たないのです。

こうして徐々に私自身のクレームに対する考え方、対応法が変わっていったのです。公務員になって20年ほど経つ頃には、私はすっかりクレーム対応が得意になり、それにつれてだんだん楽しくなっていました。

クレーマーによるファンクラブが！

そんな日々を過ごすなか、税金の窓口担当になったある日のことです。

「おい！」という声に顔を上げると、納付書をグシャリと握りつぶした男性が仁王立ちで私を見下ろしていました。

「なんで税金が去年より高いんだ！　収入なんて1円も増えていないぞ！」

男性は納付書をカウンターに投げつけながら怒鳴り始めました。

新人の頃の私ならおどおどしてうつむくだけでしたが、この20年で心理学や脳科学、コーチング、プレイバックシアター（即興演劇）など、知見を広めた私には、本書で紹介する話しかたが身についていました。そして、スキルを駆使して対応した結果、10分ほどで男性は満足げにその場を去っていきました。

その1週間後、私を名指しで訪ねてきたお客さまがいました。聞くと私の担当業務ではない年金の窓口に対するクレームです。それなのになぜ私のところに？

話を聞けば、「Mさんに紹介された。『山下』のところに行ったらなんとかなると言われた」とのこと。そう、Mさんとは、1週間前に怒鳴り込んできたあの男性でした。

15分後、Mさんと同じように、そのお客さまは満足して帰られました。

それからもMさんからの紹介は続き（笑）、私の職場が変わっても、業務に関係なく追いかけてきてくれる〝クレーマーファンクラブ〟まで作られるようになっていったのです。

やがて、「クレームは企業の宝。クレームをした人も、クレームを受けた人も、幸せになれるお手伝いをしたい！」と考えるようになり、30年続けた公務員を早期退職して、現在に至っています。

そんな私が、普段、企業や団体のみなさんに教えている、クレーム対応の正しい話しかたを、本書で余すところなくご紹介します。誰にでもできる画期的なやりかたです。

誰にでもできる「超共感法」

この本でご紹介する**話しかたは、日々、お客さまのクレームや怒りにさらされ、困り、呆然としているみなさんのためのスキルです。実際に多くの企業で導入され、さまざまな現場で効果が実証**されているものです。

1 することはたった一つ
2 日本人なら誰でもできる簡単なスキル
3 心理学などの原理に基づき、うまくいっているか確認しながら対応できる

つまり、**誰でも今日から実践でき、効果を実感できるメソッド**です。

しかも、対応の分野を限定するようなマニュアルではなく、どんな場面でも役に立つ話しかたです。

解消するのは、お客さまのクレームだけではありません。私がお伝えしたスキルを日常生活に応用することで、ギスギスしていた職場の人間関係が解消された、離婚まで考えた夫婦関係が新婚当時のように仲良くなれた……など、「怒り」が放出されている場面で、嬉しい結果を出し続けています。

ぜひ、あなたもクレーム対応の達人になってください！

2019年7月

最強（最恐）のクレーム・コンサルタント　山下由美

役所窓口で1日200件を解決！
指導企業1000社の
すごいコンサルタントが教えている

クレーム対応　最強の話しかた――もくじ

第2講 クレームがこじれる最悪の話しかた

第3講 やることは一つ！「超共感法」でうまくいく

第4講 お客さまに「そうなんです」と言わせる話しかた

第5講 お客さまのタイプ別――実践、超共感法！

第6講　「難しいクレーム」や「悪質なクレーム」への対処法

※本書で紹介している事例は、実際のクレーム例をもとに、プライバシーへの配慮と守秘義務の観点から、著者がアレンジを加えて作成しています。

第1講

お客さまのクレームに込められたメッセージ

クレームの原因は複雑

クレームという形で、あなたにぶつけられるお客さまの怒り。それにどう対応するかお話しする前に、**そもそも怒りとはどんなものか**、お客さまの立場になって少し考えてみましょう。

「あー、なんだか今日は本当にツイてない」

思わずぼやきたくなるような日、誰にでもありますよね。そんな日に起こるアクシデントです。わが事として想像してみてください。

＊　＊　＊

その日は朝から、あなたが特に何か悪いことをしたわけでもないのに、家族の機嫌が悪くて、「なんだろう」と思いながら家を出るはめになりました。

駅までの10分間、いつもならきりっと引き締まった朝の空気を胸いっぱいに吸い込みながら「やるぞ！」という気持ちで足を運ぶはずが、前を歩いている人のタバコの煙が顔にかかってうんざりした気分に……。

「歩きタバコは違反だぞ」と心で文句を言いながら、駆け込んだギュウギュウ詰めの満員電車では、向かいに立っている人のイヤホンからシャカシャカ音が漏れてきてうるさい！　さらに次の駅では、駅員が無理やり人を押し込んできて、自分が押したわけじゃないのに隣の人に舌打ちされ、ひじでぐいっと強く押されてしまいました。

やっと職場に着くと、妙に部長が不愛想。朝礼が終わった途端、取引先からクレームの電話が入り、自分の担当じゃないのに怒鳴られます。

ランチタイムになってひと息つけると思ったら、中華料理店でオーダーを間違われ、大嫌いなパクチーの入ったチャーハンが目の前にドン！　と置かれた……。

こうなると、あなたの堪忍袋もそろそろ限界です。呼吸は乱れ、脈拍と血圧は急上昇。頭に血が上って、思わず店員に強い口調で注意してしまいました。

「おい、これ違うよ！　何やってんだ!!」

＊＊＊

普段なら「仕方ないな」と肩をすくめ、穏やかに勘違いを訂正するくらいで済むことが、さまざまな出来事が重なって爆発。不運にもきっかけを作ってしまった中華料理店の店員は、堪忍袋から飛び出したあなたの一日分の怒りを浴びるはめになったというわけです。

こんなふうに、**怒りが現れる前にはたくさんの感情があります。**不満・不愉快・うるさい・不快・不安。さらには、「私は何も悪くないのに」といった理不尽や不運に対する鬱屈など、いろいろな感情が渦巻いているのです。

救助者は「あなた」だけ

うっかり堪忍袋の緒を切るきっかけを作ってしまった中華料理店の店員には気の毒ですが、こうした反応は自然の摂理でもあります。

想像もしなかった出来事に何度も出会い、ストレスにさらされたあなたの体は臨戦態勢に入っていました。野生時代の名残で、「敵は今すぐ徹底的に叩きのめす！」という状態に全身がなっていたのです。

そういう状態のときは、通常の人には理性で自分の感情をコントロールすることは難しいものなのです。

立場を元に戻してみましょう。

今、あなたの目の前には怒鳴っているお客さまがいます。そのお客さまにも、じつは今の例と同じようにたくさんの感情の積み重ねがあって、溜まりに溜まった鬱屈で堪忍袋がぱんぱんになっていたのです。

そして、あなたの前で切れてしまった堪忍袋の緒を、自分で縛ることができずにいるのです。

怒鳴っているお客さまは、積み重なるストレスや予想外の事態にうまく対処できずに悲鳴を上げ、助けを求めている状態ともいえます。

そして、意外に思われるかもしれませんが、その**相手の怒りをコントロールして堪忍袋の緒を結べるのは、クレームという形で怒りをぶつけられたあなた**しかいないのです。

SOS信号は人それぞれ

心が押しつぶされそうで助けてほしいのなら、何も怒らなくてもいいのではないか？　助けてほしいとお願いすればいいのに……と思いますよね。実際、私もそう思っていました。

ところが、何度もクレームに対処するうちに、ある時、理解しました。**怒鳴っている本人は「自分が助けを求めている」ことに気づいていない**のです。

川で溺れている人は自分が助けを必要としていることを理解しています。だから、助けに向かったあなたを怒鳴ったりはしないでしょう。

しかし、自分の感情に溺れている人は、自分に助けが必要なことに気づいていいません。だから、あなたにただ怒りをぶつけて大きな声を出しているのです。

溺れている人がいたら、相手が誰であれ、状況がどうであれ、助けようとしませんか？　しかも、それができるのは、今、目の前にいるあなたしかいないのです。

救助の第一歩は「状況把握」

怒っている（じつは困っている）お客さまを助けよう！　そう思ったときに知っておいてほしいのが、人を助けるには「心構え」と「スキル」の両輪が不可欠であることです。

川で溺れている人を助けるレスキュー隊員も、人を助けるための心構えとスキルを持っています。救助のためのスキルはなんとなくイメージできるでしょうが、「心構え」のほうはピンとこないかもしれませんね。

人を助ける際に必要な心構え、それは「助けられるのは自分だけ」という熱い想いと、「自分も無事に帰還する」という冷静さです。

レスキュー隊員は厳しい状況下でも遭難者を救助できるように、日々、スキルを磨いています。しかし、やみくもに救助に向かうわけではありません。時には二次災害を防ぐために、出動を見合わせることもあります。

私たちも同様に、目の前のお客さまを助けるためには、まずは**相手の状況把握**が第一歩です。

何について、どのように困っているのか。それとも悪質なクレーマーで、意図的にこちらを困らせようと騒ぎ立てているのか。あるいはパニックを起こしていて、単に声が大きくなっているだけなのか……。

そうした真意を見抜くには、自分の目を養うのと並行して、各企業や個人で判断基準を持っておくことが大切です。特に悪質なクレーマーの見極め方については、第6講で詳しくお話しします。

もちろん、レスキュー隊員と同じく、状況把握だけでは相手を助けられません。怒りに対応し、助けるための具体的なスキルが必要になります。スキルの身につけ方、磨き方については、第3講、4講でご説明します。

「笑顔」は逆に怒らせる

ところで、「どんな相手にも穏やかに接し、笑顔を絶やさないのが接客のプロ」「笑顔は相手を和ませる最強のスキル」だと思っていませんか？ **それ、大きな勘違いです！** 怒鳴られると思わず愛想笑いする人は結構います。

たしかに平時なら笑顔は最強の武器ですが、怒っている相手にはほとんど通用しません。それどころか、「自分はこんなに大変なのに笑っている場合か！」と逆に苛立つ人のほうが多いでしょう。

じつは、**相手が怒っているときの武器は「笑顔」ではなく、「驚き」**です。

お客さまの怒りは表面的なものであって、その奥にはいろいろな感情があります。それに対して「お客さま以上に困惑して驚く」ことで、お客さまの感情が少し和らぐのです。なぜならば、「えっ⁉　この人は、私が困っていることを理解してくれているんだ！」と無意識に感じるからなのです。

この一瞬の「驚き」でお客さまの苛立った感情が少し収まったら、次は〝SOS〟を想像するための行動に移ります。

決して表面的な表情や目の前で訴えられている事柄に反応しないでください。お客さまの本当の感情や望みは、本人も気づかない、もっと奥にあるのです。

クレーマーが量産される理由

表面的な感情表現に惑わされ、「相手の怒りさえ鎮めればいい」という安易で間違ったクレーム対応は、時として自分や会社の首を絞めることになります。その一つの表れが、悪質なクレーマーの量産です。

以前、私のセミナーに「プロのクレーマー」が受講に来たことがあります。プロと言われる人たちは、やっていることは悪とはいえ、こうして勉強しているのだと妙に感心したものです。もちろん、感心しているだけではいけないので、それ以降は受講者の身元には気をつけていますが……。

さて、そのクレーマー、なんと周りの受講者に「クレームでラーメンを箱でもらう方法」を吹聴していました。だから、クレーマーであることがわかったのですが、偶然、私自身もその内容と同じ経験をしたことがあって、「なるほど！　こうした経験からクレーマーが作られるのだ」と実感しました。参考までにその〝手口〟をご紹介しましょう（決していいいいいいいいいいい真似しないでくださいいいいい！）。

スーパーなどで2食分入りの半生ラーメンが売られていますよね。そして本当に時々ですが、中のラーメンが黄色く変色していたり、袋の端がうまく接着されずに口が開いていたりした経験を持つ方もいらっしゃることでしょう。

プロのクレーマーによると、スーパーで買った商品に不備があったら、買ったお店ではなく、「商品を作った企業」に連絡するのが重要で、「そうすれば、新しい商品が箱でもらえる」そうです。

もし相手が手ぶら、もしくは同じ商品のみしか持ってこなかったら、「『○○会社はダンボールでお詫びの品を持って来た!』と言えば、箱いっぱいにもらえるよ」と、得意げに話していました。

私もその何年か前に、購入したラーメンの袋を開けたら、中の麺が乾燥していて麺の端が黄色く変色していることがありました。賞味期限は過ぎていないので、購入したスーパーの責任ではありません。これは製造元に連絡してあげたほうがいいと思い、メーカーの「お客さま相談室」に連絡を入れました。

すると、1時間後には企業の担当者と名乗る人が、ダンボールに4~5種類のラーメンを入れて自宅までやって来たのです。

担当者は商品を確認したうえで、「これはお詫びに」とダンボールを差し出しました。「変質していたのは一袋だし、そんなにたくさんいただく必要はない」とお断りしたのですが、「とんでもない!」と半ば強引に箱を渡されたのです。

「ここまでしなくても……」と、この一件はずっと記憶に残っていたのですが、プロのクレーマーの自慢話を聞いた時、なるほど、あの過剰ともいえる対応が逆手に取られているのだなと納得しました。

そして、あんなふうに過剰な対応をする企業があるから、プロクレーマーが量産されているのでしょう。

顧客サービスの常識を超えた対応は、普通のお客さまであれば喜ばれて、常連客になってもらえるかもしれません。けれども、同時にそれはクレーマーも生み出してしまう諸刃の剣なのです。

1度体験したサービスは、**受ける側からすれば「既得権」となり、「次回も同じ対応をしてもらえる」**と考えてしまうのは自然のことです。そして、SNSが普及している今は、その内容が「神対応！」などと評され、拡散される可能性がありま す。ほかのお客さまも知れば、同じ対応を期待します。そこに悪質性はなく、当然の話です。

そして、その母数が多ければ多いほど、そこから意図的に要求をエスカレートさせていくお客さまも出てくるのです。

お客さまからぶつけられた怒りから逃げていると、相手はそれを既得権として、あなたを狙ってくるようになります。その場しのぎのご機嫌取りは、最終的に自分に跳ね返ってくるだけです。

現場や企業はそのことを肝に銘じて、きちんとクレームに対処していただきたいと思います。

クレーム対応のよくあるNGパターン

相手の怒りを鎮めようとして、過剰なサービスをしてしまう——。こうした対応がNGであることを、以上の説明でおわかりいただけたかと思います。

これ以外にも、**「お客さまのクレームにはこう対応すればよい」という間違った**

考えが現場や企業に数多くはびこっています。おそらく、みなさんも良かれと思って、かえってお客さまの怒りを掻《か》き立てる言動をしていないでしょうか。

そんな代表的なNGパターンをいくつかご紹介しましょう。

NGパターン① 怒鳴る相手に冷静に振る舞う

一般的なクレーム対応では、「怒鳴られても冷静に対応しましょう」と教わります。そして、言われたとおり実行したところ、相手の怒りがさらに増した……そんな経験を持つ人は多いのではないでしょうか。

でも、それも当然です。こちらが冷静に対応すればするほど、相手は「自分がこんなに大変な状況だと訴えているのに、それがわからないのか！」と感じてしまうからです。

心の中は冷静さを保たなければなりませんが、相手に示す振る舞いは冷静であってはなりません。

NGパターン② 誤解を解こうと、正しい情報を伝えようとする

相手が勘違いをして怒っていると、つい「こちらは間違っていないのに」という思いから、必死になって正しい情報を伝えたくなるものです。しかし、クレームの初期対応としては不適切です。

怒っている状態のときに、あれこれ理屈を言われても、怒っている本人には「そんなの言い訳だ」「こちらの立場になって考える気がない」としか思えず、怒りをますますヒートアップさせるだけです。

また、一見、冷静に見える「理論的に攻めてくる相手」も意外にやっかいです。こういうお客さまは自分の理論に自信があり、それを相手に認めさせたい気持ちが強い傾向にあります。「自分を認めさせたい」と息巻いている相手に正論をぶつけるのは、「それは勘違いです」と言っているのと同じなのです。

こういうタイプの人に最もしてはいけないのが、「でも」「ですが」「だから」という相手の訴えを否定したり、ねじふせたりしようとする発言です。プライドを傷

つけられたと感じさせ、ますます事態をこじらせてしまいます。

NGパターン③ ひたすら謝る

クレームを受けたらまずしなければならないことは、言うまでもなく、謝ることです。相手の勘違いからくるクレームや無理難題であっても、謝らないことには事が収まりません。

一方で、ひたすら謝り続けて、相手の根が尽きるのを待つような方法はおすすめしません。**多大な時間を要しますし、クレームを言うことをあきらめさせたとしても、相手の怒りを消せたわけではない**からです。

相手の怒りを解消できていなければ、後日、改めて文句を言われるかもしれません。あるいは逆に、相手が二度と寄りつかなくなって、大切なお客さまを一人失うことになるかもしれません。

また、なかには何の提案もなく謝り続ける姿に、「不誠実だ」と怒りを増幅させる人もいるでしょう。人によっては「謝るということは、自分の主張は正しい」と誤解して、要求をエスカレートさせてくるかもしれません。

NGパターン④「ほかではやってくれた」という言葉を鵜呑みにする

子どもが親におねだりしたり、望みを叶えてもらおうとするとき、「みんな持っている」「普通の家では当たり前」「ほかの友達は買ってもらっている」など、「みんな」とか「普通の家」とか「ほかの友達」とか、そんな〝世間〟を示す言葉がよく登場します。

けれども、「〝みんな〟とは誰？」「〝普通の家〟とはどんな家か？」「〝ほかの友達〟の個人名は？」と冷静に尋ねたなら、「とにかく……」と話を逸らされるか、「うるさい！」と逆ギレされるのかのいずれかでしょう。

そうした〝世間〟の根拠はたいてい自分の半径5メートルくらいの「普通」であったり、無意識に自分に都合よくチョイスした「みんな」であったりするからです。

これと似たセリフがクレームの現場でもよく登場します。「ほかのスタッフはサービスしてくれた」「他店では対応してくれた」などです。

実際、セミナーの受講者からも、**「『ほかではやってくれた』と言われると断れなくて……」という相談をよく受けます。** しかしこうした物言いに屈して要求をのんではいけません。

前述のとおり、1度うまくいったことは既得権になる恐れがあります。1度ごねてうまくいったことが2度目もうまくいくと、心ならずも普通の人が、クレーマー化してしまうことも珍しくありません。

NGパターン⑤ 怒っている相手の話を傾聴する

これも、クレーム対応で目立つ間違いです。実際、そのように指導している現場も多いと思います。

たしかに相手の言葉にひたすら耳を傾ける「傾聴」は、コーチングやカウンセリングの場などでは有効かもしれません。

しかし、**相手が感情的になっていたり、横暴な性格であったりする場合は逆効果**です。はっきり言って、時間の無駄です。

というのも、相手の心が怒りや不満で渦巻いているときに発せられる言葉は本人さえもよく覚えてない類いのものだからです。

そうした言葉にじっと耳を傾けても、話が終わる頃には、怒っている本人は最初に何を言ったか忘れていて、また同じ話を始めるか、逆にまったく違った主張を始める状況を繰り返すことになります。

クレーム対応の「NG」――まとめ

×過剰にサービスをする

⇓⇓⇓お客さまの心理：クレームは得になる。

×怒鳴る相手に冷静に振る舞う

⇓⇓⇓お客さまの心理：こっちの気持ちわかってないよね。

×誤解を解こうと、正しい情報を伝えようとする

⇓⇓⇓お客さまの心理：言い訳？　反論するのか？

×ひたすら謝る

⇓⇓⇓お客さまの心理：やっぱり自分が正しいんだ。

×「ほかではやってくれた」という言葉を鵜呑みにする

⇓⇓⇓お客さまの心理：ラッキー!!

×怒っている相手の話を傾聴する

⇓⇓⇓お客さまの心理：怒りが長続きする。

助けを求められたからといって、心まで病みますか？

お客さまに怒鳴られるなどして、相手の怒りの感情をぶつけられると、少なからず心は傷つくものです。それが相手からのSOSだとしても、簡単には忘れられないことでしょう。

そしてさらに、その傷が癒えないうちに、また別のお客さまから怒りを向けられたら、心がすり減っていくように感じられるかもしれません。

実際、私のセミナーにも、お客さまのハードなクレームにさらされ、**精神的にダメージを受けている販売員やコールセンタースタッフ、また、上司からのハラスメントに対抗できずに心を閉ざしてしまった会社員の方などが多数受講**されています。

そんなみなさんが揃って口にされるのが、「もしかしたら私にも責任があるのでしょうか？」という自責の念です。

お客さまの怒りや上司からのきつい言葉は、あなたへのSOSかもしれません。ですが、そのSOSに応えられなかったからといって、あなたまで傷つく必要はありません。

本書でご紹介する**「超共感法」（別名「そだね法」）を身につければ、自然と「相手からのSOSにやりがいをもって取り組めるようになります。さらにそれだけでなく、「SOSにプロとして対応する」ことと、「自分自身の尊厳を守り、高める」ことが両立できる**ようになります。

さらに、クレーム対応を通じて、相手の人生や会社のビジネス、時には社会の姿までを変える、やりがいのある業務であることを心に留めてください。決して**クレーム対応は受け身でも、ネガティブな業務でもない**のです。

悔しくて眠れない夜や、枕に涙する夜とはもうサヨナラしましょう。心が傷つき、ストレスを感じたら、ベッドの中でぜひ笑ってみてください。「楽しくないのに笑えません」というのは思い込みです。「楽しいから笑う」だけでなく、「笑うから楽しくなる」――それが私たちの脳の働きなのです。

そして、最高の笑顔で朝を迎えたら、あなたの目の前でSOSを出している人をぜひ助けてあげましょう！

CASE 1

「お客さまの声」対応が橋を作った！

小売店などでよく見かける「お客さまの声」コーナー。備え付けのカードにお客さまが要望やクレームを書くと、それに対する店側の回答とともに、掲示されるものです。

「○○という商品を入荷してほしい」「レジの○○さんの対応がひどい」といった内容が一般的ですが、時には「これって無視してかまわないでしょう」と思いたくなるクレームが書かれることもあります。

しかし、そうしたクレームも対応によっては、ポジティブな展開が生まれることがあります。あるスーパーで起きた、「お客さまの声」をめぐる対応をご紹介しましょう。

ある大手スーパーで、投函されたカードを読んでいたところ、「バカ死ね！」とコメントされていました。

普通なら「いたずらかな」でスルーされることが多いと思いますが、気になったスタッフが、「ごめんなさい。『バカ死ね！』では何があったかわかりかねます。何があったか教えていただけますでしょうか？」と返事を貼り出しました。

すると数日して、当人から返事が投函されていました。

「『バカ死ね！』と書いた本人です。どうして書いたかというと、この店の守衛に『お前らここに来るな！』って怒鳴られたから。この店は私たちを高校生だからといってバカにしてるんだと思いました」

スタッフがさらに「なぜそうなったか知りたいので、何月何日何時頃のことか、詳しく教えてもらえますか?」と返事を書くと、「5日前の15時頃、自転車置き場で守衛さんに怒鳴られました」と再び投函がありました。

その時間帯に高校生に怒鳴った守衛がいるか確認したところ、一人が「私だと思う。駐輪場でたむろしていたから、何か悪さをされたら困ると思って追い出しました」と名乗り出ました。

「たむろってたからといって、怒鳴っていいわけではない。相手が子どもだからといってバカにした態度はいけません。お詫びの手紙を書いてください」と上司は指導。

早速翌日、「お客さまの声」コーナーに守衛からのお詫び状が貼られました。

「このたびは、確認もせず怒鳴ってしまい申し訳ありませんでした。みなさまが気持ちよく使っていただけるよう気をつけます。今後のご利用をお待ちしています」

これがきっかけとなり、この詫び状を読んだほかのお客さまから、いろいろな声が届くようになりました。その中には、次のようなものもありました。

「ここに来るために自転車を使っていますが、高架橋を渡る際に人とぶつかりそうになって危ない思いをしています。自転車専用レーンを作ってください」

ここでも、そんなのスーパーの仕事ではないと無視することもできたでしょう。しかし、丁寧にこう返事を貼り出しました。

「いつもご利用ありがとうございます。遠いところから自転車で来ていただき感謝しております。残念ながら、道路は官公庁の管轄で、私たちにはどうすることもできません。ご要望は公的機関にお届けください」

すると、「わかりました！　開発局に要望してみます」と返事が来ました。

それから1年後、なんと店の前に自転車のための橋が増設されたのです。

「風が吹けば桶屋が儲かる」ではありませんが、クレーム対応が巡り巡って行政を動かしたというわけです。

第2講

クレームがこじれる最悪の話しかた

助けているのに、なぜ怒らせてしまうのか？

お客さまからのクレームに一生懸命対応しているつもりなのに、ますます相手がヒートアップしてしまうこともあるのではないでしょうか。

何を言っても話が通じず、ほとほと嫌になってしまうこともあると思います。けれども、じつはお客さまにはお客さまなりの理由があるのです。

それは、**こちら側の「提示する答え」が、お客さまの「SOS」の内容にマッチしていないせい**なのです。

たとえば、お客さまはただ謝ってほしかっただけなのに、お店が「うるさい客だな。ハイハイ、これでいいでしょ」とばかりにお金による解決を提示する。そんなことをしようものなら、途端に「バカにするな！」と怒鳴り声が響くことになるでしょう。ドラマなどでもおなじみのシーンですね。

実際のクレームの場面でも、気づかないだけで、こうしたスレ違いはよく起きています。次のケースもまさにそうです。

CASE 2

お客さまの本当の望みは何？

「買って数日しか経っていないパソコンが起動しなくなった」と焦った様子で店頭にやってきたお客さまがいました。

対応したスタッフはすぐに「新しいパソコンと交換いたしますので、着払いで商品をご返送いただけますか」と新品の交換を申し出て、手続きを始めようとしました。

すると、お客さまは「そうじゃなくてさぁ……」と、明らかに苛立ち始めたのです。

修理より交換のほうが、たいていのお客さまは喜びます。最高の提案をしたはずのなになぜ？
スタッフのほうも嫌な気持ちになってしまいました。

店側としては相手をクレーマー扱いしたくなるところですが、じつはこのお客さまには、今すぐ仕事でパソコンを使わなければならない事情があったのです。とても悠長に新品の到着を待っていられる状況ではありませんでした。

このお客さまが発したSOSは「パソコンが起動しない」でした。けれども、「望む答え」はパソコンを交換してもらうことではなく、今すぐパソコンを使えるようにしてもらうことだったのです。

そのことが読み取れれば、とりあえず新しいパソコンが到着するまでの間、パソコンを貸したり、できるだけ早く修理スタッフを派遣したりすることで、円満な解決が図れるわけです。

クレーム客は「役立ちたい」と思っている

とはいえ、お客さまの要望に何もかも応える必要はありません。悪質な要求に対しては、毅然とした態度で拒否してください。

ただし、同じ拒否するにしても、お客さまの求める答えを把握しておくことは、相手の怒りをコントロールするうえで重要です。

私たちは怒っている人を目の前にすると、反射的に「自分に悪意を向けられている」と感じがちです。しかし、実際はそうとは限らないことを肝に銘じておかないと、お客さまの求める答えを見誤ることが多くなってしまいます。怒りながらもお客さまの心の端には、「善意」の気持ちのあることが少なくないのです。

人にはさまざまな「○○たい」という欲求があります。まず「愛されたい」「愛したい」という欲求。これらが満たされると、次に「褒められたい」「認められたい」という欲求が芽生え、さらには「人の役に立ちたい」という気持ちになります。

なかでも**サービス業のスタッフやコールセンターのオペレーターに「苦情」を持ち込むお客さまは、心のどこかで「このお店や会社の役に立ちたい」という思いを持っている**ことが多いのです。

実際、こうした苦情には、商品やサービスを改善するためのヒントがよく隠れています。たとえば、「メニューの字が小さくて読みづらい」という苦情を受けて放っておくお店と、読みやすいデザインに変えて少しでも顧客を取り込もうとするお店では、将来が大きく違ってくるでしょう。

こうした小さなクレーム対応の積み重ねが、ビジネスの明暗を分けるのです。

苦情に対して、「貴重なご意見ありがとうございます」とひと言を添えるだけで、お客さまの「役立ちたい」欲求は満たされます。そして、こちらも貴重な仕事のヒントを得られます。そんなＷｉｎ-Ｗｉｎの関係が築けるのです。

苦情処理のフレームワークとしてよく知られる「グッドマンの法則」によると、クレームを言わずに立ち去った人のリピート率は低額商品37％、高額商品（およそ1万円以上）９％でしたが、クレームを言ったものの、その対応に満足した人のリピート率は低額商品95％、高額商品82％でした。

全米の複数の市場調査を集約した結果ですから、信頼の置けるものです。クレーム対応によって、ビジネスのヒントをもらえ、リピーターにまでなってもらえるのですから、クレームはむしろ歓迎すべきものともいえるのです。

ぜひ、クレームを面倒なものとして受けとめず、「ありがとうございます」の気持ちで対応しましょう。そうすれば、自分自身もそのお客さまから「ありがとう」と返してもらえる場面が増えることでしょう。

そうなれば、あなた自身の「人の役に立ちたい」という欲求も満たされ、仕事が一段と楽しく、やりがいのあるものに変わっていくはずです。

お客さまへの3大誤解

第1講でお客さまへの代表的なNG対応をいくつかご紹介しましたが、その根底には、クレームのお客さまに対する3つの大きな誤解があります。

そもそも人は理屈や論理だけで生きているわけではありません。同じくらい、いや、それ以上に感情に支配されて行動しています。

ましてて客観性などあってないようなものです。どんな判断も最終的に下しているのは自分ですから、客観性の正体は「自分が客観的だと思う主観」に過ぎません。

ですから、**余程注意しない限り、人と人はすれ違って当然**なのです。

そのことを念頭に、クレームという形で怒りを伝えるお客さまへの認識を改めるべく、以下の3つの誤解を心に留めてください。後々お話ししていく具体的なスキルを身につけるうえで、大切なポイントとなります。

お客さまへの3大誤解① こちらの話したとおりに伝わっている

「誠意を込めて話せば、お客さまに伝わるに違いない」と考えがちです。しかし、残念ながら、みなさんが想像している以上に、こちらの言葉は相手には伝わらないものなのです。

そのことがはっきりとわかる簡単な実験をご紹介しましょう。私のクレーム対応セミナーの初めに必ず体験してもらうものです。

用意するものは、紙を1枚と筆記用具だけです。できれば、複数の人で行なったほうが、面白い実験になります。

することは簡単です。次の指示どおりに、紙に絵を描いてみてください。ほかの人と一緒に行なうときは、描き終わるまでお互いに絵を見せないようにしましょう。

〈実験〉
①初めに紙の真ん中に丸を5つ描いてください。
②次に、紙の角に星を3つ描いてください。
③そして、丸を囲むように三角を描いてください。

どうですか。描き終わりましたか？

描き終わったら、ほかの人の絵（60ページにセミナー受講者の絵を掲載しています）と、自分の絵を比べてみてください。自分と同じ絵はあったでしょうか。

きっと「こんな受け取り方もあるの!?」と驚かれていることでしょう。「ずいぶん変わってるな」とか、「普通は自分のように描くよな」とか、そうした気持ちになっているはずです。

描いた絵が同じになるのは、50人規模のセミナーで2、3人がせいぜい。**こんな単純な言葉のやり取りでも、人によって解釈がまったく異なる**のです。この受け取り方の違いこそが、相手とのすれ違いの原因になるのです。

お客さまの訴えを聴くにせよ、説明するにせよ、お互いの言葉の解釈にズレが生じていると、「わかっていない！」と失望感を抱かせることになります。それがさらなる「怒り」や「がっかり」した気持ちをもたらし、クレームの種になるのです。

本講の冒頭でお話ししたとおり、そもそもお客さまは自分の望む答えを、初めから用意しています。ですから、言われたことを自分に都合よく解釈しがちですし、自分の求める答えと大きくズレている話には耳を傾けようとしないのです。

にもかかわらず、第1講のNGパターン（34ページ）の「①怒鳴る相手に冷静に振る舞う」「②誤解を解こうと、正しい情報を伝えようとする」「③ひたすら謝る」

絵を描く実験の解答例

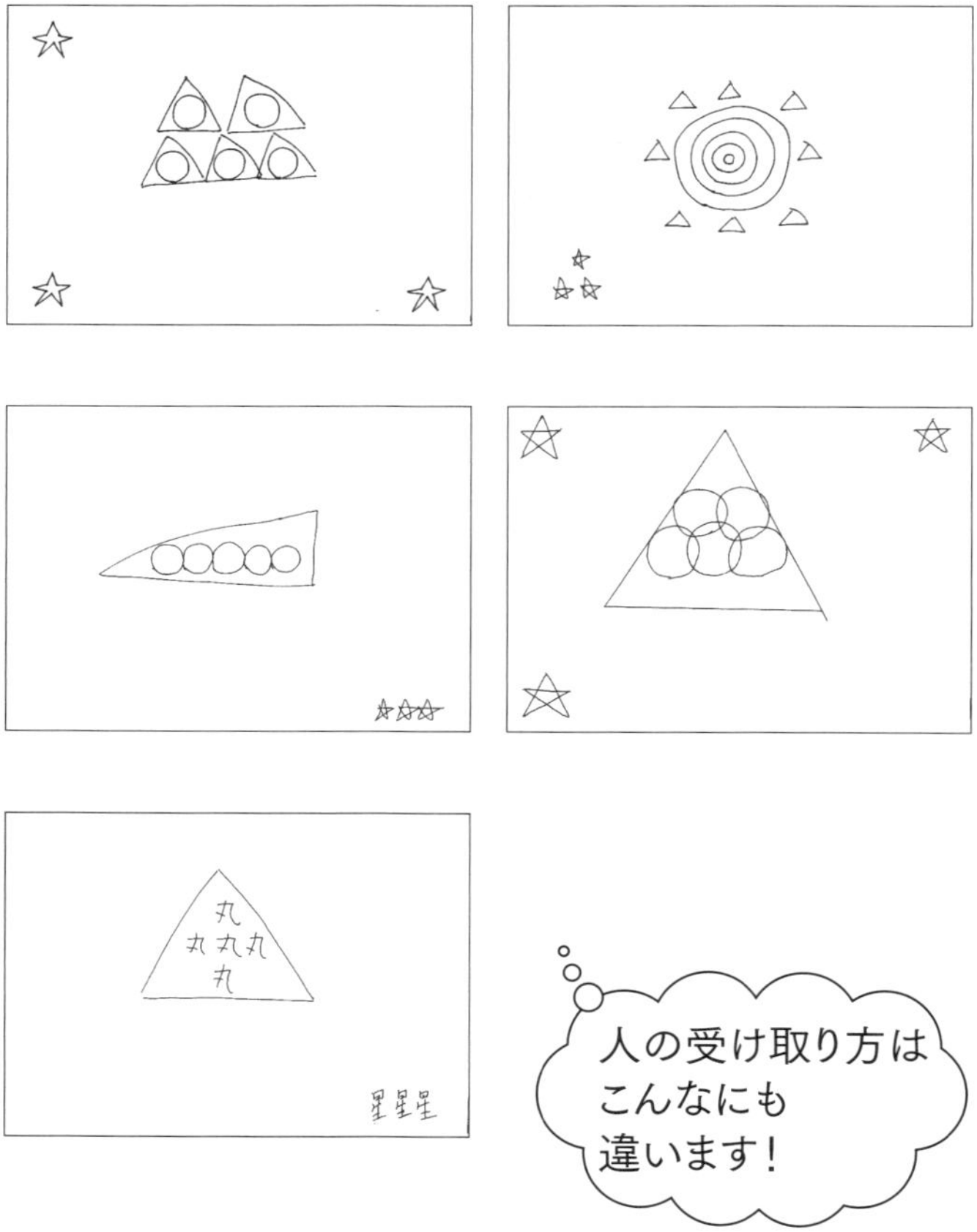

のいずれも、この「こちらの言ったとおりに話を理解してくれる」ことを前提にした行動になっています（「謝れば、謝罪の気持ちが伝わる」というように）。

だから、うまくいかないのです。

「これだけ話したのだからわかってくれただろう」という思い込みは禁物です。お客さまの怒りがいくら説明しても収まらない（後ほど紹介する「そうなんです！」という言葉が出てこない）場合は、お客さまの求める答えを、自分がつかみ切れてなくて、ピントのズレた説明をしているのではないかと疑ってみてください。

お客さまへの3大誤解② こちらの話が正論なら納得してくれる

すでに説明したとおり、**いくらお店や会社、自分に理があっても、お客さまの困っている気持ちにそぐわなければ、納得してもらえません。**

病院でよくある出来事で見てみましょう。

CASE 3

正しい事を言っても、お客さまは納得しない

「いつまで待たせるんだ！　俺より後に来た人が先に呼ばれているじゃないか‼」と、男性が受付で不機嫌そうに尋ねています。

応対した事務の女性が「予約されている患者さんが先のご案内となりますので、もう少しお待ちください」とマニュアルどおりに答えたところ、その男性は「何時間待たされていると思っているんだ！　こっちは具合が悪いから病院に来てるんだぞ！　それとも、もっと具合を悪くさせて入院させる気か‼」と怒鳴り始めました。

病院事務の女性は間違ったことは言っていません。でも、だからといって、言われた側の気持ちが収まるとは限らないのです。

もしも先ほどのセリフの前に「申し訳ありません！　今日はどうされました？　おつらいですよね」と、具合が悪くてつらい思いをしている男性の気持ちに寄り添ったひと言があったならどうだったでしょうか。

きっと違った結果になっていたのではないでしょうか。

男性は不平を口にしつつも、**自分の気持ちを理解してもらえたことで、怒りはトーンダウン**していたはずです。

お客さまの怒りがお客さま自身の勘違いに端を発したものだったとしても（じつによくあることです！）、「正しい説明をしよう」と焦らないことです。

もう一つ例を挙げて考えてみましょう。

CASE 4

お客さまの勘違いに端を発したクレーム

スーパーで支払いを済ませたお客さまが店員を呼び止めて、「ちょっとレジ、間違ってない？　こんな値段になるわけがないんだけど。ほら」と、眉間にシワを寄せつつ、店員にレシートを差し出します。

ところが、レシートとカゴの中身は一致しています。おそらく、アイスを5個購入していましたが、限定品のアイスで、一つ４００円もすることに気づかずに、カゴにいれていたことが原因のようでした。

このとき、「アイスの値段を勘違いされていませんか？」と真っすぐに尋ねるのはお客さまの面子をつぶすことになりかねません。お客さまはきっと「恥をかかされた！」とあなたに対して新たな怒りを覚えるはずです。

そして、自分の間違いを認めたくなくて、「そうならそうで、もっとはっきり値段を表示しておきなさいよ」と、逆ギレしてくるかもしれません。

仮に表面上は何事もなく収まったとしても、店やあなたに対して、決していい印象は残らないことでしょう。一方的な自分の間違いだとしても……。

では、どうすればいいのでしょうか？

簡単です。「あっ！ このアイスのせいかもしれませんね。普通、こんな値段しませんものね」とか、「値段がわかりにくくて申し訳ありません」といった、相手の気持ちに寄り添う言葉から入るといいですね。あえて拳の振り下ろしどころを作ってあげることも大切なのです。

時に**正論は相手のプライドを傷つけ、納得どころか、意固地にさせる可能性がある**ことを覚えておきましょう。

お客さまへの3大誤解③ 納得してくれれば、引き下がってくれる

前項で「いくら正論を述べても、お客さまの困っている気持ちにそぐわなければ、納得してもらえません」とお話ししましたが、別のパターンとして、多少気持ちにズレがあっても、「会社やあなたの立場はわかる」というように、一定の理解を得られることがあります。

けれども、間違わないようにしたいのは、**理解を得られたり、納得してもらったりしたからといって、素直に引き下がってくれるとは限らない**ことです。

わかっちゃいるけどやめられない――。みなさんにもそういう経験があるのではないでしょうか。

「体重を落とさないと、将来病気になる。でも、食べたい」
「今日、この仕事を終わらせなければ、明日がきつくなる。でも、帰りたい」

「きっぱりフラれたのだから、新しい人を探すべきなのに、あきらめきれない」

人間は理屈でわかっていても、なかなかそのとおりに行動できないものです。感情の力は思った以上に大きいのです。

脳科学者の知見によれば、この困った現象は、理論や理屈で使う脳の領域と、行動するために使う脳の領域が違うために起こるようです。

アメリカのポール・マクリーン博士が唱えた「三位一体脳」説によると、人の脳は大雑把に説明すると、3層になっているといいます。

一番中心部分が脳幹など、爬虫類や鳥類も持っている生存のための本能を司る「爬虫類の脳」。そして、それを取り囲むように、大脳辺縁系など、犬などの哺乳類も持っている「動物の脳」があり、快や不快といった感情に関係する行動をコントロールしています。

そして、その周りに人間が持っている大脳新皮質、つまり言語や論理的思考を司る「人間の脳」があるそうです。

論理的な思考、つまりは「人間の脳」が行動をコントロールしているイメージがありますが、じつは行動のほとんどは「爬虫類の脳」と「動物の脳」が司っています。人は感情が動かなければ行動できないのです。

そのため、相手がこちらの言い分を頭で納得したからといって、こちらの思うように行動してもらえるとは限らないのです。

「こうしてほしい」「こうすべきだ」「理由はどうであれ無礼だ」「とにかく腹立たしい」――。そんな強い感情が渦巻いている間は、**「あなたの言うことはわかった。でも……」**と、〝でも〟のひと言で、すべて振り出しに戻されてしまうのです。

ですから、**正論を述べ、納得してもらうことに力を注ぐよりも、相手の気持ちに**

寄り添い、怒りのボルテージを下げることを優先すべきなのです。

カギとなるのは論理的な説明ではなく、相手の感情に響くアプローチです。後でご紹介する**「超共感法」はまさにそのためのスキル**です。

「マニュアル」が最悪の話しかたを生むことも

「怒っている相手は、自分が何を求めているかわかったうえで、要求を通すための手段として怒っている」というふうに考えがちです。もちろん、そのとおりのケースもありますが、そうでないケースも多くあります。

怒りの背後には、

「困り果てて途方にくれている」

「店への小さな不満が積もり積もって爆発した」

「自分の満たされない気持ちを埋めたい」
「ほかの人へ迷惑をかけるのが申し訳ない」
「自分の正しさを誇示したい」
……など、さまざまな事情や思いが隠されています。

そして、怒っている本人が必ずしもその原因や、怒りの収めどころを自覚しているとは限らないのもやっかいなところです。**不満や怒りはあるものの、具体的にどうしてほしいのかわかっていない人**も珍しくありません。

ですから、お客さまの怒りには、**その原因や落としどころを探りながら対応する必要がある**のです。

しかし、ここで意外にも障害となるのが、多くの現場で重宝されているマニュアルです。

マニュアルはお客さまに失礼なく対応し、一定の水準でサービスを提供するために用意されているわけですが、そのことがかえってお客さまの気持ちに沿った個別対応を難しくしている面があります。

特に巷にあふれる**フレーズ集のような、マニュアルを過信した結果、お客さまの怒りを買ってしまう**ことがよく起きています。

たとえば、次のようなケースです。

CASE 5

マニュアルが生んだ思い込み

信販会社に入って半年、担当者Aはお客さま相談室の電話担当に配属となった。電話の内容はお客さまの勘違いによるクレームも多かったが、それに対してはマニュアルどおりに説明することで大きな問題に発展することはほとんどなかった。

ある日、カードの不正利用についての問い合わせがあった。すでに上司が2度電話に対応していて、手続きに関する説明は終了していた。Aが出た電話は3度目。「1時間に3度もかけてきたということは、マニュアルにあるクレーマーかな」と予想しつつ、応対をスタートする。

お客さま「先ほども連絡しましたKと申します。手続きのことで……」

担当者A「はい！　カードを不正利用されたとの報告を受けております。不正に利用された金額につきましては、当社の規定でお申し出の日から換算して90日以内とさせていただいております」

お客さま「いや、そういう話じゃなくて、手続きの……」

担当者A「何度も申し上げておりますが、当社の規定がございますので、本日より90日以前の不正利用については補償しかねます」

お客さま「その話は、前の担当者にうかがっています。それで……」

担当者A「何度お電話いただきましても、補償金額は変わりません。ご納得いただけないでしょうか？」

お客さま「いや、もういいから前の担当者に代わってくれない？」

担当者A「当社の規定に沿って回答させていただいておりますので、誰に代わっても、」

お客さま「もういい加減にしろ！　こっちの話を聞きもしないで、私をクレーマーだと決めつけているのか？　お前じゃ話にならない。前の担当者と変われ！」

結局、Aの上司が電話に出て話を聞いたところ、「説明したカードの不正利用の手続きがうまくできなかったので、手続きの確認で電話をもらった」ことが判明して、上司はお客さまに平謝りすることになりました。

そして、マニュアルどおりに対応したはずのAは、上司から大目玉を喰らうことに……。

接客の基本となるマニュアルですが、ロボットのように同じ対応を繰り返していると、相手の真意や感情をつかみそこね、怒っている相手ならますますその怒りをヒートアップさせることがあるので注意が必要です。

このケースのように、確認のための電話を、本格的なクレームに変えてしまうことさえあるのです。

お客さまは機械ではなく、一人ひとり感情を持った人間です。**100人いれば100通りの対応が必要になり、その時のお客さまの感情がいつもと違えば、さらに何万通りの対応が必要**になります。

お客さまによいサービスを提供するためのマニュアルでも、お客さまの気持ちや反応を無視して、手順にこだわりすぎることのないようにしましょう。

マニュアルどおりの対応を意識しすぎて、相手の反応を見ることをおろそかにしたために、突然、怒鳴られてしまったTさんのケースをご紹介しましょう。

CASE 6 マニュアルを見て、お客さまを見ず

営業から外商に配属されたTさん。ある時、電話を取ると、上位客からの電話でした。

Tさん「はい〇〇デパート外商のTでございます」
お客さま「あ、Sです。化粧品のことで確認したいんだけど、」
Tさん「Sさま！　いつもありがとうございます」

Tはパソコンでさんの購入内容を調べながら話を続けます。

Tさん「先月も〇〇化粧品をお買い求めいただきました。使い心地はいかがでしたか？」

お客さま「いやちょっと急いでいるの。新色のリップのことで……」

Tに渡されている社内の個別対応マニュアルには、「Sさまは細かな説明を求める」「お客さまを褒めること」「説明は誤解を生まないように詳細に行なう」ことが記されています。

Tさん「そうでしたか！　新色のリップの件でございますね。先月の新色、今月の新色と多数取り揃えております。Sさまのお気に召すお色がございましたか？」

お客さま「あ、いや、新色のBB色の日本発売が来週って聞いて、」

Tさん「(話をさえぎって) まあ！　Sさまはさすがに情報がお早いですね！　来週発売予定のリップをご所望ですか？　お目が高い！　今回は先行発売のものがございますので、いろいろご案内できます」

お客さま「あのね！　私、急いでるって言ってるよね!?　あなた、人の話聞いてる？ 慇懃無礼にもほどがあるでしょ！」

以上も、マニュアルがあだとなってクレームに発展したケースです。Tさんは日頃、お客さまのペースに巻き込まれずに、マニュアルに沿った対応を心がけるように、先輩社員から教わっていたそうです。

もちろん、マニュアルは不要だとか、害になるとか、そういうことではありません。ただ、マニュアルの前に、その時々のお客さまの事情や気持ちがあることを忘れてはいけません。

普段なら心地よい褒め言葉も、この日のSさんのように「慇懃無礼」と捉えてしまうこともあるのです。

column

クレームの多様化、スピード化が進む現代

クレーム・コンサルタントをしていて感じるのは、近年、お客さまのクレームや怒りのありようが複雑になっていて、マニュアル対応ではご満足いただけないケースが増えていることです。

接客マニュアルの一枚上手をいくクレーム、あるいはこちらの想定の斜め上をいく怒りが増えているのです。

その原因としては、社会全体の変化が大きくかかわっていることが考えられます。

まず挙げられるのが、情報の広がりのスピード化です。

ツイッターなどのＳＮＳ、口コミサイト、掲示板などで、商品やサービスに関する情報を一般の人が気軽に発信できるようになったことで、「こんな対応

をされた！　ひどい!!」という情報を拡散して、企業に対していわゆる「**炎上」を簡単に引き起こせるようになっています。そのため、お客さまは以前よりもずっと強気です。**

また、**「ここでゴネたらこんな対応をしてもらえた」という悪質なクレーマーテクニックがあっという間に広がる**ようにもなったことも、模倣犯を多く生み出す原因となっています。

また、社会全体が豊かになったことで、「『お客さまは神さま』なのだから、自分を尊重してほしい」という権利意識や、「感動させてほしい」という願望が高まり、要求されるサービスの水準が高まっていることも大きいでしょう。

サービスへの期待が高い分、それが叶わない場合の「期待外れ」からくる怒りも増えています。

さらに、**人と人、また地域の関係性が薄くなったことで、「旅の恥はかき捨て」的なわがままな振る舞い**も増えています。たとえば、顔見知りだったら絶対にしないような態度をお店の人に取るといった具合です。

そしてもう一つ、**高齢化の問題**もあります。人は年齢を重ねると穏やかになるというのが、これまでのイメージでしたが、少なくとも接客現場ではむしろ逆の印象です。

体力や気力の低下に伴って、ストレスを溜め込みやすくなり、怒りにつながっている傾向が見てとれます。加えて仕事や子育てから引退してしまったことで、**承認欲求を満たす場がなくなり、「役に立ちたい」という思いが暴走し**がちです。

こうした複雑化しつつあるお客さまの怒りに対して、旧来の柔軟性に乏しい接客マニュアル対応ではとても通用しません。

では、どうすればいいのか？
これからご紹介する「超共感法」で、どんなお客さまにも有効で、自分もラクにする、怒りの鎮め方をぜひマスターしてください。

第3講

やることは一つ！「超共感法」でうまくいく

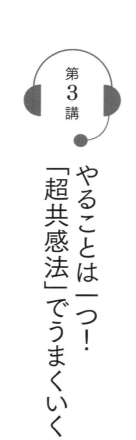

「超共感法」でクレームを解決する

ここまで、従来のクレーム対応がうまくいかない理由を説明してきました。では結局、どうすればいいのか。みなさんが一番知りたいのはそこでしょう。

そこで、いよいよ本題です。お客さまの怒りをコントロールし、クレームを解決に導くのが、**私の30年にわたるクレーム対応経験から編み出した「超共感法」**です。

超共感法は、私がコンサルタントを務める各企業で実際に採用され、その効果は実証済みです。コールセンターや接客の現場で**「苦情を言ってきたお客さまがリピーターになった」「激怒していたお客さまが笑顔で帰っていった」「怒りが解けたばかりか感謝までされた」**といった支持を得ています。

この「超共感法」は、クレームを言うお客さまに「強く共感しましょう」というやり方ではありません。むしろ、その逆。最大の特徴は、クレームのお客さまに

「共感する必要がない」点です。共感すること自体はクレームの解決に効果はあるのですが、すべてのお客さまに共感しようとするのは、担当者にとって負担が大き過ぎます。何より解決に時間がかかります。

ですから、超共感法では一般のクレーム対応法でよく言われるような、相手の話を傾聴しません。することはじつにシンプルです。

「怒っているお客さまに『そうなんです』(YES)と言わせる」

たったこれだけです。私の地元、北海道の言いかたで超共感法を『そだね法』と呼ぶ人もいます。いずれにしても、怒鳴るお客さまも、理詰めでくるお客さまも、シニアのお客さまも、全員笑顔にする、私自身が開発し、実践してきたオリジナルな手法です。

「そんなことで本当にクレームが解決するの?」という声が聞こえてきそうですが、ご安心ください。拍子抜けするくらい簡単に解決します。

どんなことに、どのような方法で「そうなんです」と言わせるかについては、これからお話ししていきますが、することがシンプルなため、覚えることも少なく、誰でも実践できます。

さらに超共感法は、その場のクレームを解決するだけでなく、お客さまとの間に信頼関係を生みます。そのため、怒っていたはずのお客さまを、高確率でリピーターにします。

超共感法はお客さまの怒りをコントロールし、それればかりか笑顔さえ引き出すのです。

「そうなんです」と言わせるだけで、なぜOKか？

なぜ「そうなんです」と言わせるだけで相手の怒りが鎮まるのでしょうか。まずはそこからお話ししましょう。

お客さまの怒りを鎮めるには、そのテンションをトーンダウンさせる必要があります。そして、もう一つ大切なことは、否定的になっているお客さまの頭を、相手の言葉に耳を傾け、受け入れようとする「肯定脳」に導くことです。

高度なスキルが必要そうに思えるかもしれませんが、否定脳を肯定脳に導くのはそう難しいことではありません。ちょっとしたことに**「そうなんです」などのYES言葉を言わせることの積み重ねで、お客さまの脳と心は変化**します。というのも、人は自分の声を自分で聞いて変化していくものだからです。

コーチングやカウンセリングで使われる「オートクライン」という脳の作用は、自分が発した声を自分の耳で聞いて、脳が勝手にそれを認識して考えるという作用です。

自分が決めたことを言葉に出して決定することで、脳がその気になって行動することが確認されています。

クレームを言うお客さまの脳は「つねにダメを探している」状態です。その脳に自分が言った「そうなんです」を聞かせると、脳は勝手に考え始めます。「そうなんです」はYES言葉なので、ダメを探している「NO脳」が、突然、自分の「そうなんです」という言葉で、「あれ？　YESでいいんだ」と立ち止まるのです。

私はそれを、「NO脳からYES脳への逆回転」と呼んでいます。

つねに否定を探す「NO脳」の状態になっているお客さまに、いきなり解決策を提示しても、聞き入れてもらえません。

そこで、まずは肯定しやすい言葉を投げかけ、「そうなんです」「そうだよ」とうなずかせます。その瞬間、お客さまの怒りは一瞬止まるのです。自分の怒りや窮状を「わかってもらった」という感情さえ抱きます。

こうして何度か「そうなんです」を言わせることで、否定脳「NO脳」から肯定脳「YES脳」へ導いてから、本題であるクレームの解決法を提示していくのです。

超共感法はこの心理を応用したものです。怒りで「否定脳」の状態になっているお客さまに、いきなり解決方法を提示しても、聞き入れてもらえません。

そこで、まずは肯定しやすい言葉を投げかけ、「そうなんです」「そうだよ」とうなずかせます。その瞬間、お客さまの怒りはほぼ解消しています。自分の怒りや窮状に「共感してもらえた」という感情を抱くからです。このように肯定脳に導いてから本題であるクレームの解決法を提示していくのです。

言い換えれば、**超共感法はお客さまから敵対視されていた関係から、味方として認識してもらう関係に変化をうながす**のです。その結果、後の対応がスムーズに運び、お客さまの怒りを消すどころか、感謝されてクロージングできるのです。

超共感法の実践例

とはいえ、**どんな事柄について、どのような言葉で「そうなんです」「そうだよ」といった反応を引き出す**のか、見当もつかないと思います。

そこで、ここでは実際にあったケースを題材に、超共感法のアプローチ方法について見ていきましょう。

問題形式にしているので、みなさんも一緒に考えてみてください。

CASE 7

保育園の保護者からの逆ギレクレーム

保育園のお迎えの時間が過ぎているのに、保護者が迎えに来ないお子さんがいます。

夜のお迎えは母親が担当しているようですが、とても忙しい職場のようで、これまでも約束の時間が守られないことがしばしばありました。しかも、「遅くなります」という連絡さえいつもなく、保育園側としてもどうしたらいいか悩んでいました。せめて何時に来られるか連絡をもらえれば、夕食の用意もできるのですが……。

その日も連絡がないまま、保護者が姿を見せません。子どもは疲れとさみしさからぐずり出しました。

お腹を空かせては可哀想だと思い、保育士が子どもにソフトせんべいを一枚食べさせているところに、やっと保護者が迎えに来ました。

すると、子どもが手に持ったソフトせんべいを見て、突然、その保護者は怒鳴り出したのです。

「今おやつを食べたら夕飯を食べられなくなるでしょ！　いったい何を考えてるんですか!!　それでも保育士なの？」

矢継ぎ早にまくし立てられ、保育士は戸惑うばかりで思いを伝えることができません……。

こんなとき、どんなファーストアクションを取れば、「そうなんです」と相手に言わせ、無事怒りを鎮めることができるでしょうか。

〔あなたの選択〕

①とにかく怒りが収まるまで下を向いて謝る。
②相槌を打ちながら気持ちが収まるのを待つ。
③怯えながらも「まだ、おせんべいたった1枚ですから……」と言い返す。
④規定の時間が過ぎていることについて相手を責める。「お母さんのお迎えが遅くて○○ちゃんがぐずっていたから対応していたんです！」
⑤大きな声でリズム良く、「お母さん！　○○ちゃんの夕飯、たしかに心配ですよね」と返す。

「①」のようにおびえてうつむいているだけでは、当然のことながら、相手からYES言葉は引き出せません。

それどころか、保育とは関係のない、保護者の日頃の疲れやうっぷんをひたすらぶつけられ、怒鳴られて、あなたにはストレスしか残らないことでしょう。

相手もスッキリするどころか、嫌な印象を保育園に抱いたままです。

「②」では、相手の怒りは収まるかもしれませんが、時間がかかりすぎます。そうでなくても遅いお迎えなのに、子どものご飯の時間はもちろん、あなたの時間も奪われてしまうことでしょう。

「③」のような言い訳は「そうなんです」と言わせるどころか、相手をますます怒らせるだけです。「たった1枚ですって？　小食なこの子が1枚でもおせんべいを食べたら、ご飯の量が減るでしょう！」とさらに怒鳴られることでしょう。

相手の非を指摘する「④」はどうでしょうか。残念ながら、相手が腹を立てて「NO脳」状態になっているときは、指摘がいくら的確でも受け入れられることはありません。「迎えが遅いって言ったって、たかが20分くらいでしょ！　あなたたちだって、すぐ帰るわけじゃないんでしょ!!」と逆ギレされるのがオチです。

正しい対処は「⑤」です。意外かもしれませんが、相手の怒りを認めてあげるのです（もちろん、本心でなくてかまいません）。すると、「そうよ！　心配だから言ってるんでしょ!!」と返事が戻ってくることでしょう。**怒り口調ながらも相手の同意を得ることに成功**しました。

こうなればしめたものです。相手の心理はこちらの言い分を聞き入れることができる状態に傾き始めます。正しいことを口にしていいのはこの後です。

「私たちも心配していたんですよ。お腹が空き過ぎてリズムが崩れると、逆に食欲が落ちることもあるので、甘いものを避けてソフトせんべい1枚にしてみました」

この後、保護者の態度は大きく軟化しました。「お腹が空きすぎるのはよくないのはわかっています。だから私だって、家に帰ったらすぐ食べられるように、作り置きはしてあるんですよ」と話し始めたのです。

それを受けて保護者の言葉に同調するように畳みかけます。

「○○ちゃんのお母さんはさすがですね。いつもそうやってお子さんのことを考えていらして。私たちもお迎えが遅くなる連絡をいただいたときは、お菓子ではなく、ブロッコリーのような軽いお野菜を出せるように気をつけておきますね」

この一件以来、連絡のない遅刻はピタリとなくなったそうです。

じつはこのお母さんは、忙しいのに無理をして遅刻の連絡を入れるより、仕事を1分でも早く終わらせて迎えに行ったほうが子どものためだと思っていたのです。

でも、連絡を入れれば、子供の間食にも気を配ってもらえることを知って、行動を変えることになったのです。

連絡もなく遅れるほうが悪いに決まっていますが、相手も好きでそうしているわけではありません。「遅れるときは連絡してください」ときつい口調で伝えると、「こっちだって忙しいんです！」と言い合いになりかねません。

そこで、わが子を心配する相手の気持ちを汲み取った声かけで「そうよ」と言わせ、怒りをトーンダウンさせてから、こちらの事情を説明するのです。

さらにこのケースでは、「相手の望む答え」もあわせて提示したことで、すんなりと要望を受け入れてもらうことに成功しました。

超共感法はここが違う！
言い訳や正論ではなく、相手の立場の理解からスタートする。

CASE 8

バス運転手の親切心があだに

その日は全国的に雪の予報で、至る所で交通渋滞が起き、長距離バスにも遅れが発生。特に山間を走っているバスの遅れはひどく、峠の通行止めなどで迂回しながらの運行となりました。

終点に着いたのは、予定時間を4時間超過した22時すぎでした。

その夜、バス会社に乗客からクレームの電話が入りました。

その乗客によると、バスが駅に着いた時にはすでに終電が出てしまった後だったといいます。目的地にも行けず、駅前になかなかタクシーも来ない。近隣のホテルに電話を入れてみるもののすべて満室……。

困り果てて、まだ停車中の先ほどのバスの運転手に相談したところ、○○というホテルを紹介されました。ところが、雪の中、徒歩で15分ほどかけてたどり着いたそこは男性専用のカプセルホテルでした。3歳と5歳の子連れの夫婦が泊まれる場所ではありません。

「雪で到着が遅れるのは仕方がないにしても、親子が困っているのにカプセルホテルを紹介するなんてあり得ないだろ！ あの非常識な運転手をクビにしろ!!」

クレームを受けたスタッフも、乗客のことを気の毒に思いました。普段ならその物言いに嫌な気分になっても不思議ではありませんが、夜中に泊まるところも、怒りをぶつける先もなく、電話をかけてきたのでしょう。

かといって、運転手に非があるとは思えませんでした。むしろ乗客に尋ねられて、一緒に焦った気持ちで頭に浮かんだ「確実に泊まれるホテル」がそこだったのでしょう。子ども連れであることが頭から飛んでいたとしても、責められるものではありません。

親切心がアダになってしまったとしか、言いようがありませんでした……。

交通機関の遅延は人の予定を狂わせます。自然発生的な遅延であっても、そのいらだちがスタッフに向かうことは珍しくありません。

このケース、あなたがバス会社の職員ならどう対応しますか？

〔あなたの選択〕

①「申し訳ありませんが、目的地に到着以降のことにつきましては責任を負いかねます。お客さまご自身で対応していただけますでしょうか」

②「申し訳ありません。今日は道路状況で至る所で遅延が発生していて、私どもではどうすることもできません」

③「おそらく運転手もカプセルホテルだとは知らなかったのだと思います。申

し訳ありません、運転手にはきつく言っておきます」

④「会社としては、ホテル等のご紹介は行なっておりません。運転手のサービス精神で行ったことかと。当該の運転手は他県の出身です。何卒、ご容赦ください」

⑤「クビ等の判断につきましては、当社の規定で決まっておりますので、お客さまのご要望にはお応えしかねます」

⑥「えっ⁉　それで、今お子さんたちはどうなさってるんですか？」

この中に「そうだよ」と言わせることのできるのはどれでしょう。

「①」や「②」のようなお客さまの窮状を汲み取ることのない突き放した言い方は、ますます怒らせるだけです。「そんなことはわかってるよ！　親子連れなのに、運転手の対応が悪いって言ってるのがわからないのかよ‼」と責められそうです。

「③」は一見謝っているようですが、相手からすればただの言い訳です。そうして火を着けてしまうと、『『言っておく』とはなんだ？ クビにしろって言ってるんだよ！」と言い返されて、話の焦点が「クビにするかどうか」に移って余計に話がこじれそうです。

「④」の言い方だと、会社が運転手に責任を押しつけているように聞こえます。さらにその運転手の案内についても「他県の出身」と言い訳しています。「なんだ、こっちが悪いって言うのか？『容赦しろ』ってできるわけないだろ！ 容赦できないから電話してるんだろ‼ お前の会社はどんな教育をしてるんだ？」と、クレームの波状攻撃を受けそうです。

「⑤」は「③」と同様に、〝クビ〟が話の主題に変わってしまいます。「あんたが決められないなら上司を出せ！」などと言ってきそうな気配です。

正解は「⑥」です。「お子さんたちはどうなさってるんですか？」という問いかけは**「そうなんです」と答えられる内容になっていませんが、相手が理解してほしいのは運転手のミスではなく、〝子どもが大変な目に遭っている〟こと**です。

このケースのように、**命やケガにかかわる問題については無事の確認が最優先**です。責任については後回しでかまいません。まずはお客さまの身を一番に考えていることを伝えることで、興奮を鎮めるのが先決です。

「⑥」の返事に対して、「なんとか頼み込んで、子供はホテルのロビーで寝かせてもらってるよ！　大変だったんだ」といった情報をもらったら、間髪入れずに「よかったです！　ホッとしました」と心から喜びを伝えましょう。

そのうえで、あとは相手に「そうだよ」を言わせる準備に入ります。大変な事態だったので、「そうだよ」は1度ではなく、3度は言わせたいところです。

「今日は本当に冷えていますのでお子さまのことが一番心配でしたね」

「何件もホテルを回られたんですね」

「遅延のせいで大変なご苦労をおかけしました」

「ひとまず安心いたしました。運転手もきっと大丈夫だったか心配していると思います。無事なことをお伝えしておきますね」

「お父さまのお子さまへの思いがホテルに伝わったのですね」


こうした言葉がけで「そうだよ」を何度か言わせた後に、「運転手もあまり知らない土地で間違ったご案内をしてしまいました。今後、不確定な情報は控えるよう指導を徹底します。ぜひ、またお気づきの点などございましたら、ご一報いただけると幸いです」と締めることができたら、最高の終わり方だと思います。


超共感法はここが凄う！

人としての自然な思いやりが、クレーム解決の武器になる。

CASE 9

ファミレスでの虫の混入

あるファミリーレストランでのこと。ドリンクバーでドリップしたコーヒーに虫が入っていた！　と家族連れの男性からクレームが入りました。

「親父のコーヒーに大きな虫が入ってたぞ！　いったい、どんな管理しているんだ！」

その場で店長がお詫びをして、ドリンクバーを無料にしたのですが、お客さまに納得していただくことができず、本社のCS対応となってしまいました。

担当者がご自宅にお詫びの品を持ってうかがったのですが、なかなか許していただけません。

「おたくの店は大手でしょう？　こんな衛生管理でいいんですか！」
何度、お詫びの言葉を口にしても、とても許してもらえる雰囲気ではありません……。

飲食におけるクレームは多種多様です。特に気をつけなければならないのが異物混入に関するクレームでしょう。お客さまの安全にかかわることだけに、対応を少しでも誤ると、会社全体を揺るがす問題に発展しかねません。

一方で、どんなに気をつけても、異物混入は完全には防げません。それだけにどのような対応がふさわしいか、日頃から考えておく必要があります。

このケースでは、解決までになんと2カ月かかりました。

では、こじれきったクレームを解決した糸口はなんだったのでしょうか？

それは、「当日はご家族でおいでいただいていたと聞いております。何かお祝い事でもあったのでしょうか？」という問いかけでした。

それまで何度足を運んでも、憮然とした表情を崩さなかった男性が、そこで初めて「そうだよ！」と堰を切ったように話し始めたそうです。

その日は、喜寿を迎えたお父様が福岡から出てきて、家族全員揃ってこのお店にやってきたといいます、以前、コーヒー好きのお父さまが「いろいろなファミレスがあるけれど、とくにここのコーヒーは美味しい」と言っていたので、わざわざ選んで来店したのでした。

体調管理のために好きなコーヒーを1日1杯しか飲めないとぼやくお父さまに、好きなお店のコーヒーを飲ませてあげたい、その思いで来店したお店のコーヒーに、あろうことか主賓のお父様のコーヒーカップに虫が入っていたというわけです。

この話を聞いて担当者は心から何度も頭を下げました。

男性はいかに**その席が大事なお祝い事だったかを店側に理解してもらった**ことで怒りが収まり、クレームは終了したのです。

さて、そもそもここまでお客さまの気持ちがこじれる前に、当日、**現場スタッフはどのようなファーストアクションを取るべきだったのでしょうか。**

言い換えれば、どのように「そうだよ」と言わせればよかったのか、一緒に考えてみましょう。

〈あなたの選択〉

①「申し訳ございません！　すぐに新しいものにお取り替えいたします」

②「申し訳ございません！　お飲み物のお代は結構でございます」

③「申し訳ございません。お口にされてしまいましたでしょうか？　もしご気

分がお悪いようでしたら、すぐに病院までお連れいたします」

④「申し訳ございません！　みなさまの大事なお席を台無しにしてしまいました。コーヒーをお口にされてしまいましたでしょうか？　どこかお加減が悪いようなことはございませんでしょうか？」

⑤「申し訳ございません。お加減のほうは大丈夫でしょうか？　せっかくご家族揃っておいでいただいているのに、とんでもない粗相をいたしました。大切なお集まりだと察しております。よろしければ、みなさまに新しく入れ直したコーヒーをお出ししたいのですがいかがでしょう」

「①」「②」は、異物混入の際によくあるマニュアル対応ですが、お客さまの気持ちや安全への配慮がないこのような言い方では、ご納得していただけず、こじれることが少なくありません。

「③」の場合、お客さまの安全に気を配っていますから、通常の飲食であれば、解決に至る可能性が高いでしょう（もちろん、コーヒーは入れ直してください）。ただ、このケースは特別なお祝いの日です。そこを汲み取らないと本当の解決には至りません。店への嫌な気持ちが残り、楽しい気持ちにはなれないでしょう。

その点、お客さまの状況をしっかりスタッフが観察していて、「④」まで言うことができれば、お客さまに「そうだよ！　親父の大事な喜寿のお祝いだったんだ！」と言ってもらえ、本社対応のクレームには発展しなかったことでしょう。

さらに「⑤」のように、その後のフォローまで提案できれば、「そうなんだよ」という言葉と、今日の集まりの内容や重要性が聞けるでしょう。

そこまで聞けたら、あとは店長の裁量で、どこまでその席に対してサービスできるか判断し、適切な対応をできるはずです。ちなみに私なら、喜寿にちなんで77本のエビフライタワーを作ってお祝いさせていただきます。お詫びのコーヒーよりお祝いの方が喜ばれるからです（笑）。

こうした異物混入のほかに、成人式の日に振袖に粗相をしてしまうようなミスもよく現場で起きています。ミスをしないよう注意することが第一ですが、事故が起こってしまったときのサービスの範囲について、店や会社として決めておくことも大切です。

周知のとおり、最近は何かというと、後でネットに投稿されてしまう時代です。従来のクレーム解決法では手に負えず、**お客さまの〝心〟を解決する超共感法の重要性**がより高まっているといえるでしょう。

超共感法はここが凄う！

ネットによる拡散対策にも、大きな効果を発揮する。

CASE 10

患者からのクレーム

耳鼻咽喉科クリニックに患者から電話がかかってきました。

「医者を出せ！　もう何日も薬を飲んでるのに全然治らないじゃないか。あいつはヤブだ!!」

怒鳴り声の主は、3日前に咳と喉の痛みを訴えて来院し、炎症を抑える薬と咳を抑える薬を処方した患者です。

医師は診察中だったため、電話を取ったのは看護師でした。

「症状や薬の効き方は人それぞれで、3日で効くとは限りません。1週間分処方していますので、もう少し様子を見てください」

そう伝えたのですが、患者は納得できなかったようです。その日、それから3度も電話をかけてきたのでした。

「お電話を代わりました。医師の○○です」

「このヤブ医者！　全然咳が止まらないじゃないか。どうするんだ⁉」

医療機関もクレームを受ける機会の多い職場です。もちろん、病院や医師に問題があるとは限らず、痛みや苦しみに耐えるお客さまの気持ちがクレームとなって顕れるケースも珍しくありません。

また、ほかのクレームと違って、病気を治したり、何かをサービスしたり、金品で解決したりするのが難しいクレームが中心であることも特徴の一つです。

こうしたケースでも、超共感法は有効です。

〔あなたの選択〕

①「1週間飲まないと、効果が出ないこともありますので、お薬を続けて飲みながら様子を見てください」

②「咳が止まらないんですね。それはおつらいですね。お薬が合っていないのか、他に原因があるのか、お電話では判断しかねます。おつらいでしょうし、ご心配だと思うので、大きな病院で診察を受けられてみたらいかがでしょうか？」

③「咳が止まらないんですね。それはおつらいですね。処方したお薬で症状が改善せず、悪化しているようでしたら、大きな病院をご紹介することもできます」

近年、訴訟が多くなったことで、医療の現場では、言質をとられないように「謝らない」ことをルールとしているところも数多くあります。そのため、医師の対応としては、「①」のような対応が一般的でしょう。

ただ「①」の問題は、患者が「そうなんです」と言う機会がなく、医師への不信感を募らせ、より大きなクレームに発展する可能性があることです。もし1週間経っても病状が改善しなければ、「1週間で治ると言ったよな？　今すぐ直せ！」と二の矢、三の矢が飛んでくるリスクがあります。

そのため、大病院はともかく、個人病院やクリニックでは**「②」「③」のように、「咳が止まらないんですね」と相手の訴えをいったん受け止めて、相手に「そうなんです」と言わせる対応**がいいでしょう。それだけで、相手の攻撃性はかなり和らぎます。

「②」と「③」の違いがわかりにくいかもしれませんが、「③」のほうが「大きな病院を紹介する」という能動的な姿勢を示している分、ベターです。本当に患者が望んでいるのは「今すぐ病気を治す」ことだからです。それに応えることはできませんが、大きな病院を紹介することに反対はしないでしょう。

特にこのケースでは、相手から「ヤブ医者」という信頼を失った発言がありました。無理に再来院をうながしても余計にこじれたり、そもそも再来院しない可能性が高いでしょう。後々、悪い評判を立てられないようにすることを解決のゴールとすべきです。

先のファミレスのケースと同様に、お客さまの心の解決に超共感法は力を発揮します。ほかの病院に誘導するにしても、**必ず「そうなんです」と言わせる場面を作り、相手の興奮状態を鎮めて、悪意に満ちた口コミによる風評被害を防ぐ**ように注意しましょう。

なお、**会計や薬の待ち時間については、「謝らない」こだわりは百害あって一利なし**です。

「患者が多くて仕方ないことなのに謝れって言うの？・」と思う気持ちはわかりますが、人の感情は理屈で動いているわけではありません。

「おつらいなか、お手数をおかけして」とか、「長時間お待たせしてしまってお身体がつらかったですね」など、〝謝る範囲〟を限定してお詫びしましょう。

「お手数をお掛けして」「長時間お待たせして」と何について謝っているかをはっきりさせることで、自分の責任の範囲を限定すると同時に、相手の状況をきちんと把握していることを伝えられます。

その結果、「本当にそうだよ」といったリアクションを引き出しやすくなり、こじれることはなくなるでしょう。

超共感法はここが凄う！

具体的なゴールのないクレームも解決する。

超共感法では、「説明」からスタートしない

このように、お客さまのクレームに対しては、まずは「そうなんです」と言わせることに集中します。早い段階でお客さまから**YES言葉が出てくれば、ファーストアクションがうまくいった**ということです。

逆にYES言葉が出てこないときは、お客さまはあなたの対応に反発心や疑念を抱いている可能性が高いと判断できます。細かなテクニックは第4講で取り上げますが、かける言葉を変える必要があります。

覚えておいてほしいのは、クレーム対応では、お客さまの怒りの端緒が何であったかはあまり重要ではないことです。きっかけがスタッフのミスであれ、お客さま自身の誤解であれ、対応した結果の成否にほぼ影響しません。

影響するのはお客さまへのファーストアクションです。**ファーストアクションで**

いでしょう。

何をしたかによって、話がこじれるか、笑顔を引き出せるかが決まると言ってもいいでしょう。

けれども現実には、お客さまの激しい怒りにおののいたり、一刻も早く解放されたい気持ちから、**多くの人がファーストアクションを「言い訳」や「正しい説明」でスタート**してしまいます。

すでにお話ししたように、これこそがクレームをこじらせる最大の原因となります。クレーマーを除く**大半のお客さまは、何よりも自分の困り事に一刻も早く対処してほしいのであって、言い訳や正論を聞きたいわけではない**からです。

「そんなことくらいわかってるよ。でも、お客さまに納得してもらい、早く解決したいからこそ、こちらの立場や正論を伝えるんじゃないの？」という方もいらっしゃるでしょう。でも、もう少し掘り下げて考えてみてほしいのです。

お客さまの「早く対処してほしい」という思いには、前提条件があることにお気づきでしょうか？ **「自分（お客さま）の望む対処を早く」でなければならない**のです。

この微妙な意識のズレを埋めることが大切です。クレームを受ける側は、多くの場合、過去に似たような苦情を受けていて、解決のための知識が蓄積されています。言わば、解決のための答えを知っているつもりになっています。

このことが、お客さまの気持ちをこじらせ、怒りを増大させることになるのです。なまじ知識があるがゆえ、目の前のお客さまが望む対処を深く考えずに、ステレオ的に解決策を提示するなどして、ファーストアクションで失敗してしまうのです（第2講でお話しした「マニュアル」の弊害も同じ問題に起因しています）。

特にクレームの原因がお客さま自身の間違いや勘違いであるときは要注意です。正しい説明からスタートしたくなりますが、**正しい説明はお客さまの間違いを指摘するのと表裏一体**であることを忘れてはいけません。逆にお客さまを追い込んで、話がこじれやすいからです。

否定脳状態のお客さまは正論であっても素直に聞き入れてもらえません。「責任をなすりつけ、自己保身に走っている」と曲解されてしまうと、**怒りの矛先が原因である「出来事」から「あなたの人格」に移ります。**

そうなると、あなたの声はお客さまの耳にますます届かなくなり、事態はさらに悪化していくのです。

クレーム対応の成否はファーストアクションが99％決めると言ってもいいでしょう。お客さまの怒りに直面したら、**最初は「言い訳」はもちろんのこと、「説明」や「正しいこと」からスタートしない**ように、くれぐれも注意しましょう。

第4講では、超共感法を使いこなすためのポイントをもう少し詳しく見ていきます。

第4講

お客さまに「そうなんです」と言わせる話しかた

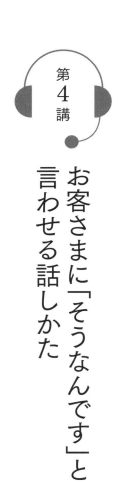

「そうなんです」を引き出すためには？

超共感法によるクレーム解決法についてご理解いただけたでしょうか。

お客さまからクレームを受けた

←お客さまから「そうなんです」のひと言を引き出す

←「（できるだけ）お客さまの望む答え」を提示する

←クレーム解決！

というじつにシンプルなものです。

シンプルですが、お客さま自身に「そうなんです」と言葉を発してもらうことで怒りを収め、「お客さまの望む答え」を示すことで、最も満足度の高い対応を提供するのです。

金銭目的等の悪質なクレーマー以外については、解決しないクレームはないと言えます（悪質なクレーマー対策については、第6講でお話しします）。

とはいえ、「何のスキルもない自分に『そうなんです』のひと言を引き出せるだろうか……」と不安に思う方もいらっしゃるかもしれません。

でも、ご安心ください。これからご紹介するちょっとしたコツを覚えるだけで、必ずうまくいきます。

従来のクレーム処理の学びでは、「フレーズ」の記憶が中心でしたが、「そうなんです」を引き出すために必要なのは、**「話しかた」と相手の「感情」の把握**です。

誤解しないでいただきたいのは、相手の感情を把握しなければならないからといって、話をじっくり聞いたり、無理に共感したりする必要はないことです。

そんなことをしていたら、クレームの現場はとても務まらないことは、役所の窓口でクレーム処理にあたっていた私自身が実体験していることです。

傾聴から始めない

ところが、クレーム対応本やマニュアルによっては、相手の怒りを「傾聴（相手の感情やペースに寄り添いじっくり聴く）」で対応するようにすすめています。前述のとおり、これは、近年のクレームに対応するのには、あまりいい方法ではありません。

解決に時間がかかることもありますが、本当に傾聴するには高度なスキルが要求され、相当な知識とトレーニングが必要になるからです。聴き手が自分の価値観や主張を押しつけずに、相手の話に共感しながら真意を引き出していくものです。素人が実践するには、かなり難しい手法なのです。

それに、クレーム対応に割けるマンパワーと時間は限られています。**形だけの傾聴は時間がかかるだけで、相手の怒りをペースダウンさせられません。**それどころか、相手の被害感情を強化する恐れさえあります。

超共感法はこうした点もすべて解決済みの手法です。むしろ、今までより短時間でクレームが解決されることに驚かれることでしょう。

クレーム対応で大切なのは、相手への共感ではありません。繰り返しますが、ポイントはたった一つ。「そうなんです」と言わせることです。相手に寄り添い、じっくり心を開かせようなどと考えず、**できるだけ短い時間で相手の心を動かす情報を集め、「そうなんです」と言ってもらえそうな言葉探しに集中**してください。

それには、**これからお話しするコツの「①」「②」③」が大きなポイント**になります。

では早速、「そうなんです」と言わせるコツをご紹介していきましょう。

「そうなんです」と言わせるコツ①

お客さまのリズムに合わせる

あなたが普段の生活で、「そうだよね」「そうなんだよ」とうなずきやすいのはどんな相手でしょうか。

友人であったり、仕事の関係者であれば、立場や年齢を問わず、何となくウマの合う人ではないでしょうか。

クレーム対応もコミュニケーションの一つです。大前提として知っておいていただきたいのは、人は自分と共通点があったり、似ている相手に好感を持ちやすいことです。

たとえば、出身校が同じであるとか、共通の知人がいることがわかっただけで心理的距離が縮まり、仲間意識を持ちます。同じ趣味があったり、お互いに犬好きなことを知っただけでも、相手に好意的な感情が生まれるものです。

けれども、クレームを申し立てるお客さまに「犬はお好きですか？」とは聞けませんよね。「ふざけているのか！」と火に油を注ぐ結果を招くことは目に見えています。

そこで覚えておきたいのが「ペーシング」です。**ペーシングとは、相手の話しかたや状態、呼吸などに自分を合わせることで、無意識に好感を抱かせるもの**のです。ペーシングによって、「そうなんです」と言ってもらいやすい状態を作るのです。

方法は簡単です。**お客さまの声の大きさやテンポ、体の動きを似せる**だけです。手を動かしながら話す人には、同じように手を動かしながら話します。相手を「真似る」というより、相手に「合わせる」イメージを持ってください。

動作や話すペースを合わせるうちに、呼吸が同調したら最高のペーシングだと言われています。相手の無意識に働きかけるので、警戒心を与えることなく懐に入っていくことができます。

クレーム対応で犯しがちなのが、怒ったお客さまを落ち着かせるには、冷静に振る舞わなければならないという誤解（35ページ）です。お客さまの目には慇懃無礼に映って、**「自分が緊急のSOSを発しているのに、まるで状況がわかっていない！」**と怒りを買うだけです。

相手がまくし立ててくるなら、ページングを信じて、こちらも早口で対応してください。声の大きさも遠慮せずに合わせてください。

ページングは心理学的な実験でも効果が証明されていて、ビジネスの世界でも広く活用されています。

実際、大手保険会社の営業トップになった私の友人も、ページングを身につけてから、お客さまの反応がまったく変わったと言います。クレームだけではなく、「人」に対するときの最高のテクニックなのです。

「そうなんです」と言わせるコツ②

「そうなんです」と言わせて、興奮を落ち着かせる

早く情報収集したいのはやまやまですが、相手が興奮しているときは、脈拍が100以上あることも多く、思考回路も身体も戦闘態勢に入っています。

こんな状態のときに、事実確認をしようとあれこれ質問しても、的確な答えは返ってきませんし、こちらの言い分を聞いて冷静に判断してもらえません。

ですから、第一声のペーシングで「お手間をお掛けして申し訳ございません。○○な思いをさせてしまって誠に申し訳ありませんでした」と形容詞をつけてお詫びをした後は、**相手に「そうなんです」と言わせることだけを考えて、話を聞いてください。**

うまく「そうなんです」と言わせたなら、驚くほど相手が落ち着いてきます。

「そうなんです」
と言わせるコツ
③

「そうなんです」と引き続き言わせて、怒りの原因を探る

1度目の「そうなんです」と言わせて、相手の怒りが落ち着いてきても、「お客さま側の誤解」や「手順ミス」などを確認する質問はNGです。クレームの根底にある「怒りの原因」がはっきりするまで、引き続き、2度目、3度目の「そうなんです」を引き出しながら、怒りの原因を探ります。

たとえば、クレームのきっかけは「レジで待たされたこと」であっても、怒りを生んだ原因はいろいろです。

「子どもが一人で留守番しているので早く帰りたい。何かあったらどうしてくれるんだ！」

「自分の後ろに並んでいた人がほかのレジに案内されて先に会計を済ませている。この店は自分のことを軽く見ている！」

「今日は会社でも理不尽な目に遭い、今もレジの進みが遅いのは自分の列だけ。なぜ、こんな目に遭わなければならないんだ！」

怒りはその人の「ＳＯＳ」です。「助けてくれ！」という心の悲鳴です。なかには相手の勘違いによる怒りや、八つ当たり的な怒りをぶつけられることがあっても、逃げるわけにはいきません。

このように怒りの原因は人それぞれですが、おおむね以下の３つに分類できます。**頭に入れておくと、怒りの原因を推測**しやすくなります。

怒りの原因①　心やプライドを傷つけられた

人は**「尊重されたい」「かけがえのない存在として認めてほしい」という欲求**を持っています。

悪口を言われたり、失礼な振る舞いをされたりしたときはもちろんのこと、たとえ善意に基づく言動であったとしても、小バカにされたように感じると、人は怒りを覚えるものです。

「高齢者が病院や介護施設などで、医者やスタッフに『おじいちゃん、ダメですよ～』などと、幼児に対するような口調で話しかけられる」

「自分より後に注文した客の料理のほうが先に運ばれてきた」

「お店で商品について質問しようとしたところ、『少しお待ちください』と事務的に応対され、長い間、待たされる」

こうしたときに生まれる怒りがその例です。

怒りの原因② 想定外の出来事が起きた

意識的にせよ、無意識にせよ、人は一日の大部分の行動を、未来をイメージして決定しています。特に「朝一番に会議があるので、普段より30分早く出社して準備しよう」とか、「久しぶりのデートなので、人気店を予約しよう」とか、「孫の笑顔を見たいので、おもちゃを買っていこう」とか、大事なことについては、より克明なイメージが心に描かれます。

それだけに**想定外の出来事が起きると、一種のパニック状態に陥り、怒りに変わりやすい**のです。

前出の例でいえば、「電車の事故で会議の準備どころか遅刻しそうだ」「楽しみにしていた人気料理が完売していた」「孫が箱を開けたらおもちゃが壊れていた」といった場合です。

なかでも、**お客さまが社会的に自分の評価を下げられたり、面目をつぶされたりすることが起きると、パニックにとどまらず、クレームに発展**しやすいのです。

怒りの原因③ 役割期待が裏切られた

役割期待とは、「こういう立場の人はこう振る舞うだろう」という暗黙の期待のことです。

「今の時代、共働きなら、夫も家事を担当するのが当然」

「どんなに帰りが遅くても、妻なら夕食を作って待っていてくれるはず」

「部下は言われなくても、上司の残業に付き合うのが社会人」

これらは親しい間柄の相手に抱く期待ですが、見ず知らずの他人に抱く暗黙の期待もあります。

「子連れの親は、公共の場で子どもを騒がせない」

「今どき、タバコのポイ捨てはしない」

「高齢者には席を譲るもの」

いずれにしても、**自分の期待どおりの振る舞いを相手がしてくれれば、人は満足しますが、期待に添わない行動を取られるとストレス**を感じることになります。

そして、お客さまはこの役割期待を、お店や会社、店員や担当者に持ちます。

「この店なら安心して接待に使える」

「ここの商品なら、ちょっとしたことでは故障しない」

「担当者が変わったが、以前と同じサービスを受けられるはずだ」

といった具合です。

以上、怒りの原因を代表的な3つに分類しました。実際には、これら2つ以上に当てはまるクレームもあるので、それほど単純にはいきません。

ですから、クレームの矢面に立たされたときは、まず**その背景にどのような事情があるのか、想像しながら対応する**ことが大切なのです。

- 心やプライドが傷つけられるようなことはなかったか？
- どんな段取りで何をしようとしていたのだろうか？
- こちらにどんな言葉や行動を期待していたのだろうか？

こうした疑問を抱きながら、相手が何に困ってSOSを発しているのか想像して、「そうなんです」と言わせる言葉や、「相手の望む答え」を考えていくヒントにするのです。

「そうなんです」と言わせるコツ④

お客さまの感情をキャッチする

怒りの原因を見極めるとともに、お客さまがどんな感情を抱いているのかもキャッチしましょう。表出している怒りの陰には、「悲しい」「悔しい」「不安だ」「恥ずかしい」などの感情が隠れています。

実際に**「そうなんです」と言わせるための声かけをするときは、このような感情を読み取るアンテナを張っておく**ことが大切です。きちんと感情をとらえていると、早い段階で「そうなんです」のひと言を引き出すことができます。

逆に相手の感情に関心を寄せず、その場しのぎのクレーム対応をしてしまうと、次のケースのような結果を招きます。実際に私が体験した出来事です。

CASE 11
ジョッキにガラスの破片

ある暑い日、居酒屋に行った時のことです。

ジョッキに注がれた、キンキンに冷えたビールをおいしく飲んでいました。3分の1ほど飲んだ頃でしょうか。ジョッキの底から、かすかにカラカラという音が聞こえてきます。「あれ?」と思い、よく見てみたら、なんとガラスの破片が沈んでいました。

私は若い女性店員を呼び、小声で「ジョッキの中にガラスのかけらが入っていましたよ」と伝えました。大ごとにする気はなかったのです。

女性店員は「あっ、申し訳ありません」と小さくなってジョッキを下げ、すぐに新しいビールを持ってきました。マニュアルどおりの対応だったのかもしれません。

しかし、私はこの対応に「えっ⁉　それで済む問題？　口の中を大ケガしていたかもしれないし、ひょっとしたらすでに破片を胃袋の中に取り込んでいるかもしれないのに」と、少し腹を立てました。

再び女性店員を呼び、「ちょっと店長さんを呼んでくれるかな」と静かではありますが、強い口調で頼みました。

すぐに彼女はバックヤードに責任者を呼びに行きました。すると、奥から怒鳴り声が聞こえてきました。

「おかしいだろ。なんで俺が対応しなきゃならないんだ！　ビールは俺の責任じゃないだろ‼」

結局、少しして女性店員が戻ってきて、「今日のお代は結構ですので」と伝えてきました。もちろん私は金銭など少しも望んでいませんでした。
お粗末な対応にがっかりし、この店に私が行くことは二度とありませんでした。

この話を読んで、みなさんは「店長の怒鳴り声が聞こえてきたのはともかく、一般的な対応ってこんなものでしょ？　飲食代がタダになったならそれでいいじゃない」と思うかもしれませんね。

けれども、クレーム・コンサルタントの私に言わせると、見過ごせるものではありません。いえ、一人のお客の立場から言わせてもらっても、**責任者の対応は一人の人間として失格**です。

ジョッキの中に破片を発見した時、私は「もし飲んでいたらどうしよう……」と不安でした。

女性店員に悪意がなかったことは頭ではわかりますが、私に見せたのは「マニュアルどおりに対応して、「お客さまの怒りから自分や店を守る」という保身に走る姿でした。それを見た私の気持ちは、不安から憤りに転じたのです。

相手を怒らせたり、怒らせそうな事態に必要なのは、その場しのぎのマニュアル対応ではありません。

相手の立場になって、今、どんな思いでいるかを考えることです。

このケースでは**「小さい破片を飲み込んでしまったかもしれない」という不安を汲み取り、その不安を和らげる対応**をすべきでした。

具体的には、最初に「お客さま、おケガはありませんでしたか？」という相手の身を案じる言葉かけをするのが正解です。

そして、「お口に入るビールにガラスだなんて本当に申し訳ございません」と続ければ、「そうよ。本当に気をつけて」と言いつつ、私の不安や怒りは和らいだことでしょう。

そのうえで、「万が一、体調に変化があればすぐにお知らせください。何かあったときのために、お名前とご連絡先をいただけますか？」とフォローすれば、店の対応に満足し、その後も私はそのお店に通い続けたはずです。

「そうなんです」と言わせるコツ⑤

お客さまの気持ちを代弁する

ここまでにクレーム対応にあたったあなたは、ペーシングでリズムを合わせ、お客さまの「怒りの原因」と「感情」をキャッチしてきました。

最後にすることとは、**完全にあなたを味方と認識する「そうなんです」を引き出すために、どんな言葉としてまとめるかです。そのコツは「お客さまの気持ちを代弁する」こと**です。

ここまで超共感法の理論を正しく知ってもらうために、細分化してコツをお話ししてきましたが、「気持ちを代弁する」ことを意識していれば、自然と怒りの原因やお客さまの感情に目が向くはずです。

お客さまは、自分の困っている問題を早く解決してもらいたいのであって、問題が起きた理由や解決のプロセスなど正しい説明を求めているわけではありません。むしろ正しいことを言えば言うほど、「そんなことを聞きたいわけじゃない」と、相手の怒りは増すだけです。

正しい説明をするよりも、お客さまの気持ちを代弁したほうが、この人はわかってくれている！」と感じてもらえるため、「そうなんだよ！」と言ってもらいやすいのです。それに伴い、怒りも一気にトーンダウンします。

説明をするなら、「そうなんです」のひと言を引き出し、相手の怒りも収まり、解決策を見いだしてからです。

CASE 12
生温いビール

日が暮れてからも空気に熱がこもっているような暑い夏の夜。やっと仕事を終えて、「こんな日は、冷たいビールを！」と同僚と居酒屋へ。

ところが、のれんをくぐると、店内は大混雑。店員は何度呼んでも「少しお待ちください」と言うだけで来てくれません。

「みんな飲みたいんだね」と苦笑しながら、やっと注文を取ってもらったのですが、今度はなかなかビールが運ばれてきません。

15分ほどして、ようやく大ジョッキが目の前に置かれました。「待ったなぁ」と言いながらも、同僚と微笑み合いながらジョッキを持った瞬間、「ん？ジョッキが冷えてない……」と嫌な予感。ビールに口をつけると、思ったとおり、ほぼ常温でした。

「さんざん待たせておいてこれかよ！」

腹を立てた同僚が、通りかかった店員をつかまえて、「おい！　なんなのこのビール!?　ものすごく温いんだけど！」と怒り始めました。

呼び止められた店員は疲れていたのか、少し面倒くさそうに答えました。

「あー、すみません。急な団体のお客さまが入っちゃって、バタバタなんですよ。あと30分くらいしたら冷えたのをお出しできると思います」

さあ、どうでしょう。もうおわかりですよね？

「急な団体が入った」という言い訳と、「あと30分すれば冷えたビールを出せるというお店にとっての正しい説明。いずれも、怒りの真っただ中にいるお客さまに最初に言うべき言葉ではありません。ますます怒りをヒートアップさせるだけです。

では、どう声かけすればいいのでしょうか？　このケースでは、お店も忙しいため、お客さまの興奮が落ち着くのを待っている時間はありません。即時対応が求められます。

こんなときこそ、前述のように、まずはお客さまの気持ちを代弁してみるのです。このケースでは、お客さまの怒りのテンションに合わせて、大きな声でこう言えばいいのです。

「こんな暑い日に、温いビールはお口に合いませんよね。本当に申し訳ありません！」

すると、お客さまも「そうだよ。たまんないよ」と言いつつ、怒りが少し和らぐのです。

この時点で、お客さまはあなたを〝味方〟と認識しています。**少なくともあなたに向かっていた怒りはほぼ解消**しています。

ここまでくれば、お店の状況や冷えたビールを提供できるまでの時間を説明しても怒りを買うことはなく、問題は解決に向かうことでしょう。

「そうなんです」と言わせるコツ――まとめ

①お客さまのリズムに合わせる

⇓⇓⇓ペーシングで無意識に好感を持たせる。

②「そうなんです」と言わせて、興奮を落ち着かせる

⇓⇓⇓そのひと言を口にしてもらうだけで怒りが半減。

③「そうなんです」と引き続き言わせて、怒りの原因を探る
⇓⇓⇓焦って質問しないこと！

④お客さまの感情をキャッチする
⇓⇓⇓怒りの陰にある「感情」をとらえる。

⑤お客さまの気持ちを代弁する
⇓⇓⇓こちらを味方と認めてもらう「そうなんです」を引き出す。

クレーム現場で試される仕事上のスタンス

このように、怒っている相手に「そうなんです」と言わせるには、お客さまのクレームや怒りのとらえ方を、自分の中で変えていく必要があります。

お客さまに叱られると、つい「機嫌の悪いお客さまに当たってしまった」と、相手のせいにしたり、「なんてついてない日なんだ」と自分の運のなさを嘆いたりしたくなるものです。

けれども、クレームは「自分たちに欠けているもの」を教えてくれる貴重な機会ととらえることもできます。

お客さまが怒っているときに**「なんとかなだめて、この場から去ってもらおう」と考えている人と、「このお客さまに満足していただき、このチャンスにリピーターやファンになってもらおう」と考えている人**とでは、とっさの対応や言葉に大きな違いが生まれます。

それはそのまま、お客さまの怒りや満足度として自分に跳ね返ってくることになります。

クレーム現場で試されるのは、「自分はなんのために仕事をしているのか？」という仕事へのスタンスでもあるのです。

そうは言っても、働く理由や目的は人それぞれですから、会社やお客さまを第一に仕事に取り組むことが難しい人もいるかもしれません。

そうした人は、お客さまに対応する際に、よく使う言い回しを書き出してみることから始めてみてもいいでしょう。

「こう言ったらうまくいった」「このときは逆に怒らせてしまった」ということが見えてくると、その際のお客さまの気持ちもだんだんとわかってきます。

不思議なことに、それが見えてくると、クレーム対応がやりがいのある仕事に変わってきます。

column

サービス向上のためのクレーム対応

お客さまの心に届く言葉で「そうなんです」を言わせるには、生活事情や社会的背景をもとにＳＯＳの内容を把握しようとする視点も大切です。目と耳を最大限に使って、**相手の訴えの背景を想像しながら観察**するのです。

たとえば、スーパーでお客さまから「商品が傷んでいた」というお叱りがあったとします。

そのときのスタッフの対応としては、「申し訳ございません。返金と交換のどちらになさいますか？　その際、レシートを確認させていただきたいのですが」とマニュアル化されているところが多いのではないでしょうか。

たしかにこうした対応でも、大部分のお客さまの表面上のお叱りは止まります。けれども、**ここで終わってしまうと、お客さまの本当に言いたかったこと**

は読み取れません。お客さまが何に困っていたのか、お聞きすることが必要なのです。

仮に生鮮食品の品質についてのお叱りなら、「いつ買ったのか？」「何に使おうとしていたのか？」などをまずは聞き出します。レシートの確認などは後回しにすべきです。

「昨日買ったイチゴ、今朝食べようと思ったら傷んでいたのよ」と言われたら、お客さまから「いつ買ったか」という情報が先に入っているのでラッキーなのです。「朝、楽しみにされていたのですね。本当に申し訳ございませんでした。」と、相手の気持ちに沿った言葉を投げてください。

同様に、もし「子どもの弁当に入れようと思っていたのに」と言われたら、「イチゴが入っていなくてお子さんがっかりされたでしょうね」。

「今日買ったイチゴが……」と言われたら、「すぐにお召し上がりになれなくて申し訳ございません」といった点にフォーカスして言葉をかけます。

また、ご高齢の方が一週間前に購入して、腐ってしまったイチゴを持ってきたときは、「一週間もしたら腐るのは当然では」と考えるのではなく、毎日少量ずつ食べるであろう、ご高齢者の食生活に思いをはせ、「小さいパッケージのものをご用意すればよかったのに、当店の気づかいが足りていませんでした」と声をかけるのです。

そうすることで、お客さまは心から「そうなのよ」「本当にそうだよ」とYES言葉を発してくれることでしょう。

こうしたやりとりで、**お客さまの満足度をアップさせると同時に、さらなるサービスの向上のヒントを得る**ことができるのです。

第5講

お客さまのタイプ別——
実践、超共感法!

「お客さまのタイプ」に合わせた対応で満足度を高める

超共感法の流れと、「そうなんです」と言わせるコツについて、ここまでお話ししてきました。

本講では、**クレーム対応のさらなる時短化をめざし、お客さまのタイプ別の対応のポイント**をご紹介します。お客さまのタイプを踏まえ、超共感法にプラスαのアプローチをすると、解決までの時間をぐっと短縮することができます。

なお、ここで取り上げるのは、クレームの解決により、お客さまと会社・店側の双方が良い方向に向かう「解決すべきクレーム」についてです。対応の難しいお客さまでもあっても、SOSの内容が正当なものであれば、必ず超共感法で解決に導けます。

一方、金銭やうさばらしを狙った解決不能な「悪質クレーム」については、超共感法とは異なる対応が必要です。こちらについては第6講で取り上げます。

では、早速、お客さまのタイプ別の対応ポイントを見ていきましょう。

お客さまのタイプ別ポイント①

初めから「怒鳴る」お客さま

私のセミナー受講者に行なったアンケートでは、苦手なクレームの第1位は「怒鳴るお客さま」となっています。

実際、電話越しに怒鳴られると、声以外に情報がないため、お客さまの置かれている状況がつかみづらく、対応が大変です。かといって、対面で怒鳴られるのも、怒りのオーラをまともに浴びることになり、萎縮してしまいがちです。

ときには、怒られる前から、歩いてくるお客さまの動きや表情を見ただけで、「あっ、怒鳴られそう」とわかって、身構えてしまうものです。

でも、みなさんに知っていただきたいのは、じつは、**相手の怒りをコントロールするのが以外と楽なのは、こうした最初から怒鳴ってくるお客さま**なのです。「簡単だなんて……じゃあ、どうすればいいわけ？」と思うことでしょう。

結論からお教えしますね。クレーム対応にあたるファーストアクションで、次のように行動してください。

「怒鳴るお客さまと同じように、怒鳴るくらいのトーンで謝る！」

あまりにも簡単なので、これを聞いたセミナー受講者などは、初めは半信半疑の人が大半です。「怒鳴って謝ったら、余計にお客さまの怒りを買いませんか？」

と、よく質問されます。

気持ちはわかりますが、今まで失敗した例はありませんから、どうかご安心ください。もちろん、根拠もあります。

じつは怒鳴るお客さまのほとんどが、怒鳴ることでこちらが萎縮するのを心のどこかで期待しています。言い方を換えれば、怒鳴ることで相手を委縮させ、交渉の優位に立とうとしているのです。「怒鳴れば相手は身を縮こまらせて謝ってくるだろう」——。

意識的にせよ無意識にせよ、そう期待しているところに、なんと大きな声で謝られた！　すると、予想外の対応に、お客さまは一瞬たじろぐのです。

その一瞬がチャンスです。続いて、頭に血がのぼっているお客さまを落ち着かせるようなアクションに移ります。

一番いいのは、落ち着ける場所に移動して座ってもらうことです。第4講でも触れたように人間は怒鳴っているときは血圧が上がり、心拍数が100を超えます。その状況では、お客さまの脳は論理的な会話ができない状態になっています。ですから、心拍数を下げさせるために、座ってもらうのです。座る動作によって大腿骨の筋肉が使われ血圧が下がります。
「こちらから原因などを説明して冷静になってもらい、心拍数を下げる」のではありません。「座ってもらうことで心拍数を下げ、冷静になってもらう」のです。「そうなんだよ」を引き出す話に入っていくのはそれからです。

大声で謝るといっても、こちらの非を認めるわけではありません。「わざわざご足労いただいて申し訳ありません！」といったように、**謝る対象を限定する言葉をつけて（このケースでは「ご足労いただいて」）、クレームの本題とは別のことに大きな声で謝ります。**

そして、**相手が一瞬たじろいだ瞬間に「どうぞこちらにおかけください！」と誘導**するのです。

その場に椅子がなければ、「こちらでゆっくりお話をお聞かせください」と、バックヤードやカウンターの角に誘導します。このとき**正面から向き合わず、斜めに座る**と、目線を外しやすく対決モードにならずに済みます。

これで、お客さまはかなり落ち着きますし、こちらの声に押されて怒鳴るのをやめるケースがほとんどです。そのうえで、「そうなんです」を言わせるステップに移行していきましょう。

なお、電話口で怒鳴るお客さまに「おかけください」とは言えませんが、怒鳴る勢いで謝ることの効果は同じです。

日頃から電話を受けるときは、ハキハキとした口調で語尾を上げるように心がけましょう。語尾を下げて静かな口調で受けてしまうと、お客さまに怒鳴られたときに、一瞬でテンションを上げなければならなくなるため、大きな声で謝るのが難しくなるからです。

お客さまのタイプ別ポイント②

話の途中で突然「キレる」お客さま

最初から怒鳴るお客さまと違って対応が難しいのが、淡々と話していたのに突然怒鳴り出すお客さまです。

それでも対面でお叱りを受けているときは、途中でお客さまの顔色が変わったり、貧乏ゆすりを始めたりするなど、相手のボディランゲージから苛立った様子が伝わってくることも多いので、先手を打つこともできます。

困るのは電話の場合です。怒りの予兆がつかみづらく、こちらとしては「いきなり怒鳴り出された」形になり、おろおろしているうちに話が長引いてしまったり、いきなり電話を切られてしまったりするなど、対応に苦慮します。

そもそも、お客さまが冷静に話している間に、きちんと「そうなんです」と言わせることができていたら、途中から怒鳴り出すようなことにはならなかったはずです。**お客さまが途中から怒鳴り出すのには、必ず理由《わけ》**があります。

途中で怒鳴り始めるお客さまの多くは、「自分の思いどおりに、相手は対応するべき」と思っている傾向があります。その「思いどおり」を探ることが、怒りをコントロールする第一歩となります。

そこで、突然キレられた場合も、怒鳴るお客さまへの対応と同じく、まずはすぐに**「ご不快な思いをさせてしまい申し訳ありません！」と大きな声で謝って**しまいましょう。

こちらがどんなに正しかったとしても、**お客さまが不快に思ったことは事実**なので、その点に対してのみ、不本意であっても謝るのです。それも大きな声で。

すると、「あんたが何度も同じ事を言わせるから」「普通はすぐ取り替えてくれるよね？」など、**お客さまが〝キレた理由〟や〝望む答え〟を話し始めます。その瞬間がチャンスです。**

「お客さまがそう思われるのは当然です！　ご要望にお応えできておらず、申し訳ありません」とさらに謝りましょう。たいていのお客さまは「そうだよ」と言ってくれます。

このYES言葉が出てきたら、お客さまの心が落ち着き始めます。そうなったらしめたもの。次の「そうなんです」を言わせる段階に進みます。

なお、謝るときに「ご要望にお応えできておらず」を、「ご要望にお応えできず」と言い間違えないようにしてください。「ろくに検討もしないまま、『対応しない』と判断するのか！」と余計に怒りを買うことになります。

こうした些細な言い間違いが、大きなクレームに発展する糸口になることは少なくありません。

できれば、「クレーム対応に使う言葉集」などを、店や会社で用意しておくことをおすすめします。**クレーム対応はその場その場の判断が大事なので、「対応マニュアル」は役立ちませんが、語彙を高める「言葉集」は役立ちます。**

また、お客さまを怒らせてしまったときは、何が引き金になったのか、後からでも原因を探って「NGワード」として共有しておくことも大切です。

前述のとおり、それまで冷静だったお客さまが突然怒鳴り始めるのには必ず理由があります。最初に「そうなんです」と言わせることに失敗して、お客さまの地雷を踏むようなことを口にするなど、対応の失敗がこちら側にあったはずです。

地雷となったキーワードは二度と使わないようにしなくてはなりません。どんな言葉がお客さまを怒らせるのか、きちんと把握するよう心がけてください。

「理詰め」のお客さま

激しい怒りではなく、理詰めで責め立ててくるお客さまもいます。こうしたお客さまは、自分の知識や理論がこちらの役に立つと思い込んでいる面があります。そして、心のどこかに「教えてやったことに感謝、感心してほしい」という承認欲求を持っています。

ですから、**理詰めのお客さまには、相手の話や考えに「感心」していることを示し、承認欲求を満たす**ようにします。

その際、相手の意見に同調する必要はありません。たとえば、お客さまの指摘が見当違いである場合は、次のように感心してみせます。

「そうですか！　そのように考えられるんですね」

「そうした考え方もあるんですね。勉強不足で申し訳ありません」

相手の意見が正しいとは、言っていないことがポイントです。それでも、承認欲求を満たされたお客さまは、誇らしげにYES言葉を返してくるでしょう。

そこで、こちらの対応を伝えるわけですが、理詰めのお客さまには、いきなり「できる」「できない」という結論から入ることは避けます。一から順番に説明されることを好むからです。

まとめると、**まずは感心していることを伝えて「そうなんです」を引き出した後、問題が起こった原因を説明。最後に「できる」「できない」の結論を伝える**のが、このタイプのお客さまに納得していただきやすい手順です。

なお、原因を説明する際は、たとえ相手の言い分や理論が間違っていても、追及しすぎないように注意してください。理詰めのお客さまは、自身の理論に自信があります。表立って間違いを指摘すると、プライドを守るために、防衛本能から逆ギレされることにつながりかねません。

最後は**「ありがとうございます。お客さまのご意見をしっかり上司に伝えます」と感謝の言葉**で終わらせるようにしましょう。

クレームのお客さまのほとんどは「役に立ちたい」という思いがあることを、忘れないようにしてください。

お客さまのタイプ別ポイント④

「自分が正しい」と主張し続けるお客さま

ペーシングをしながら何回もＹＥＳ言葉を言わせたのに、「自分が正しい」「〇〇して償え」と、到底こちらが受け入れられない主張を続けるお客さまもいらっしゃいます。

単に「話が通じないお客さま」なのか、「悪意を持ったクレーマー」なのか、判断に迷うところですが、いずれにしても、現場でできる対応は一つです。

きっぱりと**「何度おっしゃられても、こちらではお客さまのご要望にお答えできません。ご納得いただけませんでしょうか」**と断りましょう。

それでも納得してもらえないときは、お客さまの連絡先を確認して、「後日、上司から連絡させていただきます」と冷却期間を設けてください。

その際、相手が「後日」という言葉にどのような反応を示すかが、悪質クレーマーかどうかを判断する重要なポイントになります。

連絡を入れるために、名前や住所を確認しようとしたところ嫌がったり、「後日なんて言ってないで誠意を見せろ！」と恫喝してきたりするようなら、悪質クレーマーの可能性が高いと考えられます。

毅然とした態度ではねつけましょう（第6講で詳しくお話しします）。

お客さまの
タイプ別ポイント
⑤

言い分が「見当違い」なお客さま

たとえば、役所の窓口に「税金を安くしろ！」といった法律上受けられないクレームが持ち込まれることがあります。

「税法で正しく課税されているのでできません」と突き放したいところですが、残念ながらそれではお客さまの怒りは収まりません。かといって、税金のしくみを事細かく説明したところで理解を得られそうにもありません。

こうしたお客さまに相対するときは、**怒りの背後にあるニーズや問題の本質を探りながら話を進め、本来の解決策ではなく、次善策を提案**するのが効果的です。

前出の税金のクレームであれば、「昨年より金額が上がっていますか？」と、問題の本質を探る言葉かけをして、「そうだよ。給与が下がっているのに、なんで税金が上がるんだ！」と言われたら、こちらのものです。台帳を持ってきて、ゆっくり説明できますし、うまくいけば、分割納付や保険料の話もできるかもしれません。税金とは別の解決法を提案し、担当窓口に案内するのです。

実際、私はこの方法で、自分の担当外のクレームについても満足してもらってきました。

もし次善策を思いつかないようなら無理をせず、「**私には判断できないため、確認して改めてご連絡差し上げます。ありがとうございます**」と、時間を置くようにします。

時間を置くことで、先方が間違いに気づくこともありますし、怒りが自然消滅することもあります。

また、こちらで十分確認を行なったうえでの結論であることが伝わるため、納得を得られやすくなります。

お客さまの
タイプ別ポイント
⑥

「水かけ論」になりそうなお客さま

お客さまとの間で「言った」「言わない」で揉めそうになっても、スタッフ側から「言っていません」「そんなこと誰が言いましたか？」などと返答するのは禁物です。

お客さまが「言った」と思い込んでいるのに、こちらが「言っていない」と繰り返しても時間の無駄です。「このわからずや！」と文句の一つでも言いたくなるかもしれませんが、「言った」「言わない」の水かけ論は何の役にも立ちません。

もともと「人は自分の都合のいいように話を聞く」ものですし、こちら側に誤解を招くような説明があった可能性も否定しきれません。お客さまとの間に解釈の食い違いが出るのは当たり前のことだと達観して、熱くならないようにしましょう。

水かけ論になりそうなときに「そうなんです」と言わせるのに効果的なのは、まずは**「そのようにお聞きになったのですね」**と、水かけ論に持ち込まないことです。お客さまの解釈を受けとめつつ、続けて**「ご不便をおかけして申し訳ありませんでした」**と、対象を限定して謝罪の言葉を伝えることです。

「ご不便をおかけして」はお客さまの気持ちを代弁したものですから、十中八九、YES言葉を引き出せるでしょう。

そのうえで、**「今できる最善の策をお話しさせていただいていいですか？」**と、解決に向けて話を進めましょう。

お客さまのタイプ別ポイント⑦

「多人数」でクレームをつけるお客さま

かつては、夫婦やカップルのお客さまが怒る場面では、スタッフに怒りをぶつける男性と、それをなだめる女性というシチュエーションが一般的でした。

しかし近年は、2人とも怒鳴っているという場面を目撃することがままあります。これはスタッフにとってかなり大変な状況です。

どんなに**人は怒鳴り続けても、たいてい20分が限界**です。時間が経てば、テンションが下がるもので、その隙間にこちらがアプローチし、「そうなんです」といったYES言葉を引き出すチャンスが生まれます。

ところが、相手がご夫婦だと、夫がトーンダウンすると妻が怒鳴り始め、妻がトーンダウンすると一息ついていた夫が再び怒鳴り始めるという、エンドレスに怒鳴り続けられる羽目に陥ってしまいます。

「交代しながら1時間以上怒鳴られ続けた」というケースも耳にしています。飲食店などのサービス業に限らず、学校に両親揃って、また介護現場に兄弟でクレームを言いにくるケースも増えています。

一般に商談や販売現場などで、グループのお客さまを相手にするときは、キーパーソンを見つけてアプローチします。この手法を、怒りをぶつけられる現場でも活用するのです。

言うまでもなく、**クレームでは、「当事者」がキーパーソンです。商品やサービスを購入したのが奥さまであれば、本来は奥さまと話すのが一番**早く解決できます。ただし、**「ご主人が奥さまのためにわざわざ出てきている」**というケースもあります。こうしたときは、**基本的にご主人と話をして、細かな経緯については奥さまに確認する**のがいいでしょう。

もし**ご主人が怒鳴り終わった後に、奥さまが怒鳴り始めたら、「まずご主人とお話しさせてください」とはっきり伝えましょう。**それでも、奥さまが「ひどい目に遭ったのは私です」と訴えてくるようなら、「事情はその都度奥さまに確認させていただきます」と伝えて、主たる話は一人としかしないことを、毅然とした態度で示してください。

逆に「話下手な夫の代わりに、交渉役として妻も来た」というケースであれば、妻をキーパーソンとみなしてもいいでしょう。

また、どちらがキーパーソンか判断のつかない場合は、立場が強そうなほうをキーパーソンに決めて対応してください。

個人的な経験から言うと、夫が妻よりいい服を着ていると夫のほうが、妻が夫に「あんた、言いなさいよ」とせっつくような関係だと妻のほうが、立場の強い可能性が高いようです。

お客さまのタイプ別ポイント⑧

「シニア」のお客さま

近年、現場を悩ませているのがシニア世代のクレームのお客さまです。コールセンターだけではなく、公共機関や病院、店などで、業務に支障が出るほど対応に苦慮しているところも少なくありません。

こうしたシニアによるクレームは、団塊の世代が引退した頃から目立つようになった現象で、クレーム対応のスペシャリストの間では「団塊クレーム」と呼ばれています。

「長時間にわたってクレームをつけるシニアにどう対処するか？」

こうした質問をよくいただきます。じつに難しい問題です。
まずは、クレームを申し立てるシニアの心情を考えてみましょう。

CASE 13

気がつけばクレームが生きがいに……

Kさんが大手企業を退職したのは2年前、65歳の時のこと。厳しい競争を勝ち抜き、部長職まで登り詰めたKさんですが、退職してしまえば、一人のシニアです。今までハイハイと話を聞いてくれた部下はいなくなり、楽しむ趣味もなく、家族との会話もない。何もすることなく、家で過ごす日々。
毎日3度の食事を作らなければならない奥さまは日に日に不機嫌になり、ついには「自分のことは自分でして！」と突き放されることに……。

テレビをつければ、振り込め詐欺や引きこもりのニュースが絶えることのない毎日。働くのに必死だった自分たちとは違い、楽して暮らそうとする考えに無性に腹が立ってきます。
「将来困るぞ！」「働くとはそういうことじゃないんだ!!」――そう一喝してやりたいところですが、もちろん、耳を傾けてくれる相手はいません。

退職して1年くらいは同期退社の友達たちと、時折、飲みに出掛けたりしたものの、各家庭の事情や健康問題で、今では疎遠に……。これまで仕事以外で友人を作る必要がなかったため、新しい飲み仲間を見つけようにも、どこで、どんなふうに関係を築けばいいのかわかりません。

家庭に居場所はなく、友達もなく、すべきこともない……。そんな孤独な毎日がこれから何年続くのが、ぼんやりとした不安が徐々に募り始めます。

そんなある日のこと。印刷物の誤植を見つけて、企業のサービスセンターに電話を入れました。若い頃は広報部に所属していたこともあり、大ごとになっては大変だろうという親切心からでした。

クレーマーと思われないか、少し心配しながらかけた電話でしたが、応対したオペレーターは丁重に話に耳を傾け、電話を切るときには「ご指摘ありがとうございます」とお礼まで言われました。

「自分だってまだ役に立つんだ！」

久々に誰かの役に立った充実感で胸がいっぱいでした。

このことがきっかけでKさんは、何か気づいたことがあると、企業や役所に電話を入れるようになります。それでも、初めは善意に基づくものでしたが、やがて電話をかけるためにミスを探すようになり、ちょっとしたことですぐにクレームをつけるようになっていきました。

特にターゲットとしたのが、相手から電話の切られることのまずない、コールセンターや官公庁、自治体などでした。いつも「はい」「はい」と、30分でも1時間でも話を聞いてくれます。最後には「ありがとうございます」と、感謝までされるのだからやめられません。

ある時、いつものようにコールセンターに電話を入れると、不慣れなオペレーターなのか、感謝の気持ちが伝わってきません。それどころか、「でもですね……」と怒り口調で非難してきます。

「こっちは客だぞ！」

思わず、声を荒げたところ、急にオペレータの声色が変わり、「申し訳ございませんでした」と謝り始めました。

Kさんの身体に電流が走ります。「自分にはまだ威厳がある。怒鳴れば、相手は引くんだ」――。

〝シニアクレーマー〟誕生の瞬間です。


昨今、何かと叩かれることの多い団塊の世代ですが、今の豊かな日本の礎を築いたのはまぎれもない事実です。仕事以外に趣味がなかったり、家庭のお荷物になりがちなことを、自己責任のひと言で片づけるのはさすがに気の毒でしょう。

もちろん、だからと言って、そうしたシニアの寂しさやストレスを、クレーム担当者がすべて受け止めなければならないわけではありません。

ただ、当然のことながら、**シニアのクレームからも有益な情報がたくさんもたらされます。**今後ますますシニアの数が増えていくことを考えれば、そうした情報をどう生かしていくかが、ビジネスの成否を決すると言ってもいいでしょう。

では、玉石混交のシニアからのクレームに、どう対処すればいいのでしょうか？

ポイントは２つです。

シニア対策① シニアクレーマーにかかる時間を短縮する

クレームを何度も入れてきて、時間を奪う長時間クレーマーに対応するには、次のようなことを念頭に対応してください。

〈長時間シニアクレーマーへの注意点〉

・最初の対応から、ただただ最後まで話を聞くクレーム対応はしない。

・とにかく「そうなんだよ」「そうなんです」を何度も言わせる。超共感法の基本を守る。

・クレームが何度も続くようなら、こちらに非がない限り、時間を区切って対応する。

〈例〉「次のお客さまの対応がございますので、5分で切り上げさせていただきます。回答が必要な件につきましては、後日連絡させていただきます」

ただし、何度、来店等があっても必ず笑顔で迎えてください。電話も同様です。

なぜなら、それでも相手はお客さまだからです。

シニア対策② 毎回のように怒鳴るシニアクレーマーは排除する

たとえお客さまでも、毎回怒鳴り散らされては、ほかのお客さまの迷惑になります。仕事に支障をきたしたり、担当者のメンタルに関わることもある、一種の業務妨害ともいえます。

対応のポイントは次のとおりです。

〔怒鳴るシニアクレーマーへの注意点〕

・怒鳴られたら、より大きな声で対応する。ただし、言葉遣いは丁寧に。
・それでも怒鳴り続ける場合、「ほかのお客さまにご迷惑がかかります」と言って個室に場所を変える。この際、「自分は重要人物なんだ」と勘違いさせるような丁重なもてなしはしない。
・それでも怒鳴るようなら、「内容の聞き間違いがあると困りますので、会話を録音させていただきます」と伝え、目の前で録音を開始してプレッシャーをかける。

・電話の場合は相手の息継ぎを待ち、「私ではそのお問い合わせにお答えできませんので、折り返しこちらからお電話いたします」と大きな声で伝え、電話番号と名前を聞く。

シニアクレーマーの方々を排除するのではなく、お客さまとして関係を保つ工夫をしていただけることを切に望みます。

お客さまの「タイプ別」ポイント――まとめ

①初めから「怒鳴る」お客さま

⇓⇓⇓怒鳴るお客さまと同じように怒鳴るくらいのトーンで謝る。

②話の途中で突然「キレる」お客さま

⇓⇓大きな声で謝った後、キレた理由や望む答えを話し始めたら、お客さまの気持ちを肯定して、「そうなんだよ」を引き出す。

③「理詰め」のお客さま

⇓⇓お客さまの話や考えに感心していることを伝えて、承認欲求を満たす。

④「自分が正しい」と主張し続けるお客さま

⇓⇓要望に応えられないことを、毅然とした態度で伝える。

⑤言い分が「見当違い」なお客さま

⇓⇓怒りの背後にあるニーズや問題の本質を探り、本来の解決策ではなく、次善策を提案する。

⑥「水かけ論」になりそうなお客さま

⇓⇓「そのようにお聞きになったのですね」と、対象を限定して謝罪した後、今できる最善策を伝える。

⑦「多人数」でクレームをつけるお客さま

⇒⇒⇒「キーパーソン」に絞って話をする。主たる話は一人としかしないことを態度で示す。

⑧「シニア」のお客さま

⇒⇒⇒話が長い、何度もクレームが続くシニアには、時間を区切って対応する。怒鳴るシニアには、大きな声で対応し、「聞き間違いがあっては困りますので、会話を録音させていただきます」と告げ、プレッシャーをかける。

column

クレーム客をクレーマーにしないため「フレーム」を作る

次の第6講では、通常の対応では解決が難しいクレームや悪質クレームについてご説明します。これらの対応策に触れる前に、まずお話ししておきたいのが、**企業ぐるみでクレームやトラブルに対応する「フレーム」（枠組み）作りの大切さ**です。

フレームとは、企業が自社の責任で起きた事故に対し、どこまで保証するか、誰にその権限を持たせるかを先に決めておくことです。

ご説明してきたように、現場スタッフは「企業の顔」であり、そのことにプライドを持ってお客さまに接してほしいと私は考えています。そして、**現場スタッフが「会社の顔」として自信を持ってトラブルに対応するには、クレームにどう対応するかという判断の基準となる「フレーム」が必要**なのです。

特に大きな組織やチェーン店などでは、全体の対応を統一しておかないと、「○○店ではこう対応してくれたのに」と、トラブルがこじれる恐れがあります。私自身、全国に200店舗を持つスーパーマーケットのクレーム対応に関わっていた時に、それぞれの店舗でクレーム対応が違っていることがわかり、ルールを整備しました。

スーパーマーケットでは、雨の日に店内の転倒事故が発生し、その後クレームになることがよくあります。そのチェーンでは、店の外階段と店の店内で転んだ場合とで、対応を変えている店舗と変えていない店舗がありました。

また、店内で転倒した場合の見舞金として、タクシー代金と初回の治療費を出している店舗と、初回の治療費のみを負担する店舗があったりするなど、対応にばらつきがありました。

さらに、どこまで店長が判断してよいのか、権限も明確に定められていませんでした。そのため、ある店舗では、店長の権限で休業補償まで行なっていました。

そこで私は、全店舗共通のフレームを決めて、しかるべき立場の人に、明確に権限が移譲するように指導したのです。

フレームがきちんと決まっていれば、現場のクレーム対応の負担もぐんと減りますし、悪質クレーマーの見極めも簡単になります。

ぜひ現場で働く人も、トラブルの際に自分がどこまで任されているのか、事前に上司に確認し、把握しておくようにしてください。

第6講

「難しいクレーム」や「悪質なクレーム」への対処法

「難しいクレーム」と「悪質なクレーム」の違い

ここまで、一般的なお客さまのクレームに対して、「そうなんです」と言わせて味方につける方法をご紹介してきました。しかし、超共感法にも通用のしないクレームがあります。いわゆるクレーマーによる「悪質なクレーム」です。

一般のクレームはどんなに怒りが激しかったり、要求がエスカレートしたりしたとしても、その根底には「自分の困り事の解決」が目的としてあります。そのため、超共感法により怒りを解消することで、解決に導くことができます。

一方、**悪質クレーマーは「金品の獲得」もしくは「誹謗中傷などによる自分勝手な自己満足」**が目的です。そもそも解決を望んでいないわけですから、超共感法が役立たなくて当然なのです。

悪質クレーマーに対しては、後でお話しするように別の対処をしなければなりませんが、それにはまず、**持ち込まれたクレームが一般のクレームが激しさを増したものなのか、本当のクレーマーによる「悪質なクレーム」なのか**、見極めなければなりません。ただ、これは簡単なことではありません。

たとえば、金銭を要求してきたお客さまのすべてがクレーマーとは限りません。謝ってもらうだけでは納得できないという気持ちが、「弁償しろ!」「いくらで解決するんだ!」といった激しい言葉として表出しただけで、本心では金銭など望んでないケースもあるからです。

次ページのチェックリストに、私が使っている**「悪質クレーマー判断シート」**です。ただし、これが唯一の答えとは思わないでください。クレーマーか否かの判断は置かれたシチュエーションや各企業の価値観によって異なります。

悪質クレーマー判断シート

- □ 名前・住所などを知られないように振る舞う（電話などでは偽名を使うこともある）
- □ 「今すぐ決めろ！」など、決断を急がせる
- □ なかなか要求を提示しない
- □ 「物クレーム」から「人クレーム」、再び「物クレーム」と、とにかく些細なミスを攻める
- □ こちらに非があると見極めたら執拗に脅してくる
- □ 「これが広まったらおたくのお店大変だよね」など、ネットやＳＮＳに書き込むような発言をする
- □ とにかく個人を責め立て孤立させる
- □ このトラブルのせいで働けなかったなど、金品の要求が見え隠れする
- □ 「誠意を見せろ」という言葉が出る
- □ 「クビにしろ」「土下座をして詫びろ」などの行為を強要する

※チェックが3つ以上ついたら担当を変わる

できれば、**現場のクレーム担当者が「悪質クレーマーかもしれない」と思ったら、クレーマー専門の担当者に引き継げるようなしくみづくりに**、お店や会社は取り組んでほしいと思います。

クレーマーの3つのタイプ

とはいえ、現状、クレーマー専門の担当者を置いておらず、現場のクレーム担当者が基本的に悪質クレーマーかどうかを判断して、対応に当たらなければならないところも多いと思います。

そこで、代表的な悪質クレーマーのタイプを頭に入れておくと、より判断がつきやすくなると思います。

私の経験では、悪質クレーマーには大きく3つのタイプがいます。

タイプ① 怒鳴って相手を萎縮させることで要望を通そうとする**「闘犬型」**

タイプ② 優しい言い回しをしながら個人のミスを執拗に攻める**「ヘビ型」**

タイプ③ こちらの対応に合わせて手のうちを変えてくる**「シナリオ型」**

タイプ①の**「闘犬型」は、意識的に「怒鳴る」**ことで理不尽な要求を通そうとする悪質クレーマーです。思わず怒鳴ってしまったお客さまとの区別が難しいですが、怒鳴ってこちらを萎縮させることが目的のため、ペーシングも、超共感法も通用しません。**それが悪質クレーマーかどうかの判断の一つの目安**となります。

タイプ②の**「ヘビ型」は、小さなミスを執拗に責め、**「SNSに拡散されたらどうしよう……」「メディアにバレたら……」と、こちらに大ごとになりそうな不安感を抱かせます。**店や会社に対する「責任」を背負わせる**ことで、要求を通そうとする悪質クレーマーです。

タイプ③の**「シナリオ型」は、夫婦など複数で仕掛けてくることが多く、それぞれが役割分担を決めて、代わる代わる責め立てて**きます。一人の場合でも、困ってみせたり、怒ってみたり、同情してみせたりして、結果的にこちらを疲弊させて、要求を通そうとする悪質クレーマーです。対応に時間がかかることを覚悟してください。

では、悪質クレーマーだとわかったらどのように対抗すればいいのでしょうか。一番大事なのは、あらかじめ店や会社で**「悪質クレーマーが出現したときの措置」を決めておく**ことです。クレーム担当者の現場の判断だけでは、対抗し切れません。

以下に典型的な悪質クレーマーの手口を紹介しながら、対抗策を見ていきます。

悪質クレーム①

「金銭」による補償を要求された

誰にでもミスはあります。そして、こちらのミスでお客さまにご迷惑をおかけした場合、謝罪だけではなく、被害に見合った金額で償うのは当たり前のことです。

しかし、法外な金額を支払う必要はありません。お客さまとのやりとりで、暗に多額の見舞金を求められる雰囲気になったとき、どのように対応すればいいのでしょうか。

重要なのは、普段からあらかじめ事故やトラブルを想定し、**どこまで補償するのか、フレームを作っておくこと**です。

フレームを決めていなかったばかりに、払わなくていいお金を支払ってしまった事例を紹介しましょう。

CASE 14

1万円の見舞金が50万円に

ある老舗旅館でのことです。建物の老朽化もあり、これまでに何度か増改築を重ねてきました。そのため、館内の一部に段差があり、来館された妊娠中のお客さまがつまずいて転んでしまいました。

支配人が呼ばれ、「お前はここに段差があるって知ってたのか？」と聞かれました。

「はい。申し訳有りません。すぐ病院の方へ」

支配人は救急車を呼び、病院まで一緒に付き添いました。幸いにも、妊婦本人に怪我や流産の心配はなく、胸を撫で下ろして旅館へ送ろうとすると、同伴していた父親が怒り始めました。

「ちょっと待て。子供の命が危なかったのに『よかった』では済まされないよね？」

「はい。申し訳ありません」

支配人は旅館に連絡して、1万円の見舞金を包んだ封筒を用意しました。ところが、父親は手に取ろうともしません。暗い病院の待合室で執拗に怒鳴られ、3万円、10万円、30万円と見舞金を増額しても、手に触れようともしません。

最終的には、50万円包んだ時点でやっと、「まあ、今回はこれで良しとしましょう」と言って、見舞金を受け取ったのです。

こうしたケースの難しいところは、初めから悪質クレーマーとは決めつけられないところです。後から考えると、金品目的にわざと転んだ気もしますが、それを証明することはできません。

何より、この家族が本当の親子なのかも、その時点で確認することもできません。妊婦が転んだ時点で「支配人を呼べ」と言いましたが、親としたら当然のことのように思うでしょう。

段差を放置していた旅館にも瑕疵はあります。つまずかないような処置が取られていなかったと訴えられたら、責任はないとは言えないでしょう。

このように、普段起こり得る（いわゆる想定内の）事態には、社会通念上の妥当な見舞金額や、誰が支払いの権限を持つのかを決めておくことで、悪質クレーマーに余分なお金を支払わずに済みます。もちろん、その金額などは前もって弁護士などに相談しておいてください。

瑕疵や過失に対するフレームがこの旅館にあったとしたら、50万円も支払わされることにはならなかったでしょう。

たとえば、次のような取り決めをしておけばよかったのです。

「館内の事故に関して、当社に過失があると判断した場合の見舞金」の規定

〈診断結果：全治3日以内〉
見舞金1万円、交通費・医療費当社支払い。※権限／支配人

〈診断結果：全治1週間以内〉
見舞金3万円、交通費・医療費当社支払い。※権限／支配人

〈診断結果：通院1週間以上〉
見舞金5万円、交通費・医療費当社支払い。※権限／常務

〈診断結果：要入院〉
見舞金については、弁護士、社長と相談のうえ決定。※権限／常務

〈診断結果：要入院のほか、休業補償などの要求がある〉

弁護士、社長、常務で話し合いのうえ、状況に応じて対応。※権限／社長

このようなクレームがあれば、病院で診断が出た時点で、**「これは当社からのお見舞いです」と、金銭の要求をほのめかされる前に、心から謝罪しながら見舞金の1万円を出すことができた**でしょう。

そうすれば、悪質なクレームに発展せずに済んだかもしれません。

もし金額が少ないとゴネられたら、「当社の見舞金はこのように決められています」と説明し、それでも納得してもらえなければ、お金は渡さず、**「当社の規定でお支払いする金額しか、お出しできません。もしご納得いかなければ、弁護士が対応いたします。」と告げて、現場での話し合いを打ち切り**ます。その後、何かあったら、弁護士に任せてください。

してはいけないのは、特に金品について特別扱いすることです。話が広まれば、別の悪質クレーマーのターゲットにされてしまう恐れが出てきます。前例を作ってしまうと、はねつけるハードルはさらに高まります。

まとめると、ポイントは以下のとおりです。

・トラブルに応じた「解決金の上限」と「支払いの権限者」を決めておく
・解決金は相手から要求される前に差し出す
・解決金のアップを要求されたら法に基づいて対応する（弁護士に任せる）

万が一を想定して準備をしておき、カードは先に切ること、できることはすぐに示すことが大切です。

悪質クレーム②

「上司を呼べ！」「社長を出せ！」と恫喝された

先方の要求に応えられない場合に、相手が「お前じゃダメだ、社長を出せ！」と怒り始めることがよくあります。一般のお客さまが激怒しているだけなのか、悪質クレーマーによる意識的な恫喝なのかによって対応が違ってきます。

こんなときも対応の基準となるのは、やはり、あらかじめ決めておいたトラブル対応時のフレームです。

お客さまのクレーム内容が、自分に与えられた権限の範囲で対応可能なものなら、**「今回の対応についての権限は私に与えられています。会社で決められていますので、上司でも社長でも、対応は変わりません」**と伝えて様子をうかがいましょう。お客さまが矛《ほこ》を収め、超共感法による対応が可能そうであれば、そのまま、現場のスタッフが最後まで責任を持って対応します。

一方、超共感法で対応できそうでも、自分の権限を越えた内容なら、お客さまの訴えをしっかりと聞き取ったうえで、あとは上司に任せましょう。

たとえば、店内でお客さまがケガをしたケースで、「医療費までは店長の権限で出すが、休業補償は本部判断」というフレームになっていたとしたら、お客さまから休業補償を求められた場合、本部に指示を仰がなければなりません。

その際、対応も本部の担当部署にゆだねます。**トラブル対応は、権限のある部署が直接話すほうが、伝言ゲームによる誤解が生じにくく、早く解決できる**からです。

問題となるのは、「いいから社長を出せ！」の一点張りのケースです。悪質クレーマーとして扱うのは気が引けるのですが、シニアのクレームでありがちな光景です。こうした言動は、「地位の高い人と知り合いである」ことをステータスにしたいという、ねじ曲がった承認欲求からくるものです。

社長が対応しても、「俺は○○会社の社長と知り合いなんだよ」と酒の肴にする程度ならいいのですが、その後、何かあるとすぐ「社長を出せ！　俺は知り合いの△△だ」と呼びつけるようになり、業務に支障をきたすようになった例も実際にあります。

相手が悪質クレーマーだと感じたら、前述のように専門の担当者に引き継ぐか、上司を呼ぶのであれば、そのクレームに直接関係している範囲の上司にとどめましょう。そうでなければ、こちらも覚悟を決めて、相手の根が尽きるまで呼び出せないと断り続けてください。相手の言いなりになって、安易に現場に呼び出すことのないよう、フレームに即した対応に徹しましょう。

また、「上司を出せ」に近いもので、「男に代われ！」と女性スタッフを恫喝するパターンもあります。

この時代になっても、男尊女卑をあらわにする人がいることには驚かされますが、感情を押さえて、担当は自分であることを伝えましょう。そのまま、お客さまが話をしてくれるようなら、超共感法で対応できます。

けれども、**なおも「男に代われ」と要求してくるようなら、さっさと男性に代わってもらうのが賢い対応**です。

腹立たしい話であり、「意地でも代わるものか！」と思う気持ちもわかりますが、大事なのは「クレームの解決」であることを思い出してください。それが仕事です。「この人は、まだ昭和の時代に生きているんだな」と受け流して、自分の貴重な時間を無駄にしないようにしましょう。

なお、このタイプのお客さまは、「上司を出せ」タイプのお客さまと違って、その後、執拗に来店するなどのトラブルを起こすことはほとんどありませんので、ご安心ください。

悪質クレーム③

「土下座」を強要された

店員に土下座をさせた写真をネットにアップし、炎上する事件が一時期続出しました。怒りのあまり土下座を迫るお客さまは過去にもいましたが、近年、特に増えているようです。

実際、私のセミナーで出会った生徒の半数くらいは、「その場が収まるなら仕方ない」と思って土下座したことがあると言っています。

もちろん、みなさん、喜んで土下座をしているわけではありません。「尊厳を踏みにじられるようで、絶対にしたくない」と考えている人もいます。土下座を強要され、断ったことでかなりもめたケースもあります。

土下座を迫られたら、応じるか応じないか、非常に難しい問題です。

それゆえにお店や会社で、あらかじめフレームを決めておくことをおすすめします。**土下座をするかしないかをスタッフ個々の判断にゆだねるのではなく、お店や会社としてどうするかを決めておく**のです。

一つの指針となるのが、2013年、衣料販売チェーン『しまむら』の客が店員に土下座をさせ、その画像をネットに掲載したケースです。この時、土下座をさせた客は強要罪で逮捕されました。些細なトラブルを口実に土下座をさせることが、強要罪になり得ることが示された事例といえます。

もちろん、命に関わるアクシデントを起こしたのであれば、心からのお詫びとして土下座をしたくなることもあるでしょう。それをダメだとは言いません。

ただ、基本的には、飲食店や小売店での通常の接客で起きたトラブルで、土下座は必要ないのではないでしょうか。

フレームで「土下座の要求には応えない」と決めておき、トラブルには超共感法で対応し、必要に応じて謝罪や見舞金の支払いを行なう。

それでも土下座を要求されたら、**「当店では、これ以上の対応は規定上いたしかねます。ご納得いただけない場合は、専門スタッフが法に基づいて対応させていただ**

だきます」ときっぱりと断るようにしましょう。

悪質クレーム④

「SNSで拡散する」と脅された

「この動画や音声をSNSで拡散するぞ」と脅されることがあります。周知のとおり、近年、増えている新しい形の悪質クレームです。

こうしたクレームには、単刀直入に次のように告げてください。

「お客さまが動画や音声をどのように扱われるかについては、こちらからとやかく申し上げる権利はございません。ただし、**実際にSNS等にアップロードされた場合は、それに伴う被害状況に応じて、法に則って、しかるべき措置を取らせていただきます**」

これでたいていの悪質クレーマーは思いとどまります。それでもツイッターなどに上げられてしまったら、弁護士に依頼して削除の手続きを行なうまでです。

ただし、裁判で争うことになると、勝っても負けても、相当な労力となります。そうならないための防衛手段の一つは、お客さまのトラブル対応などの際に、こちらも録音しておくことです。

隠し撮りなどはいけません。最初に**「お客さまのお話を正しく記録するために、今から録音させていただきます」**と通告したうえで録音するのです。

「録音なんてどういうつもりだ！」とすごまれても、「お客さまのお話の内容を社内で正しく把握するためです」と伝えましょう。

実際に、大手企業のコールセンターのほとんどは、「このやりとりは録音されています」と知らせたうえで対応をスタートしています。

後で不利になるようなことは相手も避けたいため、暴言や言いがかりを控えるようになります。

悪質クレーム⑤

「こっちに来い！」と呼びつけられた

「こっちに出向いて謝るのが筋だろ！」と、お客さまの自宅や事務所に呼びつけられることがあります。

「それで気が済むのなら……」と応じることが多いようですが、さらなるトラブルに発展する危険性があるため、慎重な対応が必要です。

実際にあった怖いケースをご紹介しましょう。

CASE 15

用意周到なワナ

ある小売のチェーン店で、「お前のところで購入した商品に欠陥があった。すぐに代わりの商品を持ってこい！」という怒りの電話がありました。急いで代わりの商品を手に、男性担当者が相手の指定する事務所に向かいました。

そこはマンションの一室でした。表札にはたしかに電話で聞いた事務所の名前が記されています。

呼び鈴を鳴らすと、「はーい」とドアから女性が顔を出しました。電話口の相手は男性だったため、取り次いでもらおうとすると、「あぁ、社長ね。まもなく戻ってくるから、ちょっと上がって待っていて」と言って、部屋に上がるように促されました。

「長引くのは嫌だな……」と思いながらも、商品だけ置いて帰って、またクレームをつけられるのはたまりません。仕方なく靴を脱ぎ、部屋で30分ほど待ちました。

しかし、社長は一向に姿を現しません。さすがにいつまでも待っているわけにもいかず、先ほどの女性に商品の説明とお詫びをして立ち去りました。

会社に戻ると、正面玄関の前にパトカーが停まっています。何事かと首を傾げていると、警察官が歩み寄ってきて、「婦女暴行」の嫌疑で逮捕されたのです。もちろん、身に覚えがありません。

警察官によれば、さっきまで話をしていた事務員らしき女性から、「玄関から押し入って暴行された！」と110番通報があったというのです。

後日わかったことですが、ワナを仕掛けた黒幕は競合店の店長でした。

さすがにこうした手の込んだケースはまれですが、

「お詫びに行ったら監禁された」
「代わりの商品を持って行ったらヤクザの事務所だった」
「玄関先で竹刀を持って待ち構えていた客に土下座を強要された」

といった〝事件〟は少なからず起きています。

では、相手に呼び出されたらどうしたいいのでしょうか？　それは、必ず２人以上で向かうことです。１人は玄関の外で待ち、10分以上出てこなかったら、ケータイに電話を入れて様子を確認するなど、対応を決めておきましょう。

基本的には、**できる限り、先方の自宅や事務所に上がることは避けましょう。**特に異性と２人きりになるようなシチュエーションは、身の安全のためにも回避してください。

「解決しない」という解決策もある

ここまで、悪質クレーマーの典型的な手口と対抗策を見てきました。お読みいただいておわかりのとおり、悪質クレーマー相手の場合、妥協点や合意点を探しても無駄です。基本的には自社でフレームを決めたうえで、次の2つの対応しかありません。

①交渉を打ち切る

解決を断念して、交渉を打ち切ります。

〔交渉を打ち切るときの話しかた（例）〕

「お話は承りました。残念ながら、当方ではご要望にお答えできません。これでお話し合いを打ち切らせていただきます」
「当方でできる対応はさせていただきました。これ以上のご要望にはお応えできません。今後、お客さまの行動により、当方に損害が出た場合には法的処置を取らせていただきます」

担当スタッフを「クビにしろ」などと、本来社外の人間が入るべきでない領域に踏み込んだ要求をされた場合も、「**私どもの会社では、人事は社内の規則に基づいて行なうよう決められております**」と毅然とした態度で断ります。

②そのまま放置する

こちらから打ち切らずとも、「**放っておいたら連絡が来なくなった**」というケースは珍しくありません。悪質クレーマーからしてみれば、あきらめて、ほかのクレームに力を注いだほうが効率的なのでしょう。

打ち切りとの違いは、要望に応えられないことだけを伝える点です。短時間で話を終わらせ、後は放っておきます。また連絡があれば、同じ対応を続けます。

それでもなお理不尽な要求が続くときは、法務部や弁護士など法律に詳しいプロの手にゆだねます。もちろん、明らかな脅迫や暴行を受けたときは、迷わず警察に通報します。

繰り返しになりますが、**逆に悪質クレーマーに対して絶対に行なってはならないのは、前例を作ってしまうこと**です。

2014年9月東京都足立区の飲食店で、執拗にクレームを受け、自腹でお金を渡していた店長が対応に悩み、相手を刺し殺す事件がありました。悪質クレーマーの正体は普通の会社員だったと報道されています。

解決しようとしてお金を渡したことで、余計に深みにはまってしまいました。クレーマーが登場したら、一人で抱え込まず、早めに上司や法律の専門家に相談してください。

「クレーマー企業」も「お客さま」も対応は同じ

悪質クレーマーの定義には入りませんが、下請け企業がクライアント（元請企業）からつけられる企業クレームもやっかいです。

私の取引先にも多くの中小企業がありますが、実際、「下請け企業は、元請け企業からの悪質なクレームにどこまで我慢すべきか？」という相談をよく受けます。

たとえば、次のようなケースです。

CASE 16

下請け企業の悲哀

あるネジ工場に、クライアント企業から電話がかかってきました。

お客さま「○○機器のMだけど」
担当者「いつもお世話になっております！」
お客さま「あんたさぁ～、俺、今回のネジは30番だって伝えたよね。なんで32番が納品されてるの？」
担当者「えっ!? たしか当初のご注文伝票では31番でしたが、発注ミスとのことで、訂正のお電話をいただいたものですよね？」
お客さま「そうだよ。そのとき、30番だって伝えたよな」
担当者「いえ、32番です。こちらのメモにも残っています」
お客さま「何、言ってるの！ 32番なんて注文するわけないだろ？ おたくだって、どんな商品に使うか知ってるだろ。百歩譲ってこっちが間違ったとしても、ちゃんと確認するのがそっちの仕事だろ!!」
担当者「そう言われましても、過去にも何度か32番をご発注いただいたことがありまして……」
お客さま「それは俺の前任者の時の話だろ！ 俺より前任者のほうが偉いって

いうわけか？」

担当者「いえ、そのようなことはひと言も……」

お客さま「いちいち口答えするな！　とにかく、間違ったのはそっちだろ‼
　こっちは生産ラインがストップして困ってるんだ。その分の損害は
　補償してもらうぞ」

間違ったネジの代金は計100万円でしたが、なんと、後日、クライアントからは、本来完成していたはずの製品分の代金1億円と、生産ラインが止まった3日間の休業補償として1000万円を請求されました。

社長と上司が連日、各所へ謝罪に出向き、最終的には300万の補償で話がつきました。

終わったこととはいえ、無駄な300万円の損失に、「あいつのせいで300万円も！」と、担当者はしばらく針のむしろ状態でした。

下請け企業が、どこまでクライアント企業の要望を受け入れるかは難しい問題です。断れば、その企業との決別を覚悟しなければなりません。この関係は何かと似ていませんか？　そうです、お客さまと企業の関係と同じです。

クライアント企業からの無理な要望は、言わば「クレーム」です。ですから、良好な関係を築こうとするならば、**超共感法でクライアントの気持ちを代弁してみて、相手の望む答えを、こちらができる範囲の商品やサービスの形にして提供**してあげればいいのです。

しかし、クライアント企業のなかにも、「悪質クレーマー」がいます。前出のケースのように、無理難題や無謀な要求を突きつけてくる企業です。

こうしたクレーマー企業と付き合いを続けるかどうかを決めるのも、クレーマーへの対応とまったく一緒です。相手に改善を望むのは難しいでしょう。

前出の例でも、３００万円を支払うことで短期的な解決を見ましたが、相手企業もしくは担当者の悪質クレーマー体質が改善されたわけではありません。今後、似たような出来事が繰り返される可能性は高いはずです。

だからと言って、もちろん、今すぐ関係を絶つことをおすすめしているわけではありません。決めるのはあくまで各企業です。ただ、その際に**クレーム対応の視点で見直してみると、関係性を維持すべきかどうか**、よく見えてくると思います。

お客さまに一人、やっかいな悪質クレーマーがいるだけで、社員は疲弊します。企業が相手なら、その比ではないでしょう。

現場で働く社員の誇りとサービスの質を保つため、悪質クレーマー企業にどう対峙していくかは、見過ごせる問題ではないのです。

超共感法は人を幸せにする

ここ数年だけでも、クレームをつける人やその内容、場面は大きく変容しています。今では普通の主婦が悪質クレーマーになったり、今後は外国人観光客などによるクレームも増加していくことでしょう。

一方、一般的なクレーム対応の教えは、20年以上前からほとんど変わっていません。日本人にとって「お客さまは神さま」であり、話を傾聴し、笑顔を絶やさず、正しい説明をすればわかってくれるはず、という信念で対応しています。

しかし、私はお客さまを「神さま」だとは思っていません。「人間」として尊重しています。人間ですからいろいろな人がいます。ですから、**クレーム対応も相手に合ったものでなければなりません。お客さまの気持ちを代弁して、うなずかせる超共感法が、あらゆる種類のクレームに効果を発揮する理由**はここにあります。

ミスや誤解があっても、考えに違いがあっても、お互いを敵とせず、**Win-Winの関係を築くのが、本来のクレーム対応の姿**です。ぜひ超共感法をマスターして、お客さまの笑顔と、会社そして自分の成長に役立ててください。

［著者］
山下由美（やました・ゆみ）
株式会社TCマネジメント代表取締役社長、ムジカ研究所代表
1955年札幌生まれ。地方公務員として30年間勤務。福祉部、税務部などでクレーム対応を担当。多いときには電話も含め、１日200件のクレームにさらされる。仕事の傍ら、プレイバックシアター（即興演劇）、心理学、コーチングなどを学び、それらの手法を活かしたクレーム対応手法を発見。みるみる効果を上げ、クレームに来た人が笑顔で帰って行くようになり、ついにはクレーム来訪者によるファンクラブまで結成される伝説的存在になった。
2005年、役所を早期退職、「ムジカ研究所」を設立。クレーム・コンサルタントとして活動を始める。そのメソッドは口コミで広がり、多くの企業のクレーム対応研修を手がけたことで、北海道新聞で「北海道クレーム・コンサルタントの第一人者」と評されるまでになる。現在は、クレーム対応プログラム、戦略ストーリー構築、キャリアアップ、教育支援など、全国でさまざまな企業研修を行い、大企業から警察、教育、医療機関まで対象を広げている。
ＩＰＴＮ プレイバックシアター プラクティショナー、ＮＬＰプラクティショナー、生涯学習開発財団認定コーチ、国家資格キャリアコンサルタント、日本産業カウンセラー協会 産業カウンセラー。

役所窓口で1日200件を解決！ 指導企業1000社のすごいコンサルタントが教えている
クレーム対応　最強の話しかた

2019年７月24日　第１刷発行

著　者——山下由美
発行所——ダイヤモンド社
〒150-8409　東京都渋谷区神宮前6-12-17
http://www.diamond.co.jp/
電話／03·5778·7232（編集）　03·5778·7240（販売）
装丁————小口翔平＋岩永香穂（tobufune）
編集協力——Business Train（株式会社ノート）
製作進行——ダイヤモンド・グラフィック社
印刷————八光印刷（本文）・新藤慶昌堂（カバー）
製本————本間製本
編集担当——木山政行

ISBN 978-4-478-02903-9